Mauro Albarello

LE STRANE PIEGHE DELLA VITA

Titolo | Le strane pieghe della vita
Autore | Mauro Albarello

ISBN | 978-88-91148-90-2

Youcanprint Self-Publishing
Via Roma, 73 - 73039 Tricase (LE) - Italy
www.youcanprint.it
info@youcanprint.it
Facebook: facebook.com/youcanprint.it
Twitter: twitter.com/youcanprintit

Mi chiamo Mauro, ho quasi sessant'anni, sono ormai prossimo alla pensione e vivo in un paesino di provincia.

Amo la natura in tutte le sue forme, mi piace viverla, facendo lunghe passeggiate a piedi e in bicicletta, facendo viaggi quando mi è possibile... la cerco anche quando guardo la televisione.

C'è un canale in particolare che mi tiene compagnia quando, per un motivo o per un altro, sono rintanato tra le quattro mura di casa.

È un canale in cui vengono trasmessi documentari di diverso genere.

Alcuni mostrano le straordinarie bellezze di cui è fornito questo nostro stupendo pianeta, altri parlano di quante incredibili specie di animali esistono, sia sulla terra sia sulle acque, ognuno nel proprio habitat naturale, altri ancora spiegano come si è formato il pianeta milioni di anni fa e i suoi continui mutamenti, per arrivare poi ad affrontare l'argomento di quanto piccoli e insignificanti siamo noi, nel quadro sconfinato dell'universo. Alcuni di questi documentari raccontano le testimonianze di avvistamenti di U.F.O, di contatti e addirittura di rapimenti da parte di alieni, altri documentari, più mistici, danno voce a coloro i quali giurano di aver assistito a miracoli o eventi inspiegabili.

Anche questi argomenti m'interessano molto ma sono solo un appassionato, mi piace sentirne parlare, mi documento... non posso certo dire di essere un esperto in materia.

Non sono uno studioso, non lo sono mai stato. Ho frequentato solo la scuola d'obbligo, però una cosa sì, la posso affermare con assoluta certezza: nella vita, a volte, succedono dei fatti veramente strani e inspiegabili che ti portano a riflettere.

Ne sono assolutamente convinto perché... è successo proprio a me!

Nel mio caso, ciò che mi è accaduto, non solo ha migliorato di molto la mia (fino ad allora) triste esistenza, ma mi ha anche permesso di continuare a viverla, questa vita.

Per spiegare bene però quanto mi è successo, devo prima tornare un bel po' indietro nel tempo...

Siamo agli inizi degli anni Cinquanta, in un paesino sulle rive del fiume Adige in provincia di Verona.

Un posto che all'epoca sembrava essere stato tagliato fuori dal resto del mondo, in cui il ritmo di vita era tutto particolare e lo scorrere del tempo sembrava più che rallentato.

I giorni si susseguivano monotoni, sempre uguali, si aveva la certezza che anche il domani sarebbe stato inesorabilmente uguale all'oggi e non sarebbe successo nulla di nuovo.

Si tratta di un posto in cui, i giovani di allora, avevano ben poche speranze di migliorare il proprio stile di vita poiché l'unica prospettiva che si aveva era quella di spaccarsi la schiena lavorando nei campi (le fabbriche erano pressoché inesistenti).

"Niente di male, non è la fine del mondo!" verrebbe da pensare... ma allora, nonostante il sudore versato sui campi, si riusciva a malapena mandare avanti una famiglia e fu anche per questo motivo (oltre che per non restare impantanati in uno stile di vita davvero poco gratificante) che molti decisero di abbandonare il paese per andare a cercare lavoro nelle grandi città o addirittura all'estero.

Ci aveva provato mio padre a darsi da fare al paese cercando di adattarsi a svolgere diverse mansioni... provò anche a lavorare alle dipendenze di suo papà, titolare di una piccola impresa edile, ma subito si rese conto non faceva per lui. Quel paesello, quel ritmo di vita e quel lavoro gli andavano troppo stretti.

"Mi sentivo come soffocare!" ci diceva sempre. Non si sentiva appagato, sia dal punto di vista economico che in quello della soddisfazione personale, così, dopo solo qualche anno di matrimonio, si fece coraggio e cercò lavoro all'estero come avevano fatto tanti suoi coetanei.

Facilitato dal fatto che da giovane aveva seguito un corso da capomastro con brillanti risultati, ed avendo alle spalle un po' d'esperienza con l'impresa del padre, in breve tempo riuscì a trovare un ottimo impiego presso un'importante ditta di Milano, specializzata in grandi opere, quali ponti, autostrade, dighe...

Mio padre naturalmente cominciò dalla gavetta, ma poi, piano piano, entrò nelle grazie dei dirigenti i quali se lo contendevano nei vari cantieri, per la sua bravura nel lavoro, ma soprattutto per la sua onestà e il dono naturale che aveva nel riuscire a farsi ascoltare ed ubbidire dai subalterni.

In pochi anni da semplice caposquadra, riuscì a scalare parecchi gradini nella società milanese, diventando anche un responsabile della produzione con i privilegi che ne conseguivano. Infatti, se nei primi anni del suo lavoro era stato costretto a girare il mondo tutto da solo (varie zone dell'Africa e dell'America del sud) sacrificando la famiglia e tornando a casa solamente quindici giorni in due anni, con l'avanzamento della carriera riuscì ad acquisire il privilegio di portare con sé anche la propria famiglia, con immensa gioia di mia mamma, che non ne poteva davvero più di restarsene tutta sola con l'arduo compito di mandare avanti una casa e badare ai quattro figli, concepiti durante le brevi permanenze del papà in Italia.

Era il 1969, mio padre in quel periodo si trovava nell'est della Cina e precisamente in Taiwan nell'isola di Formosa, dove stava allestendo il cantiere per la costruzione di un'importante diga.

Quel lavoro era veramente imponente e per riuscire nell'impresa, la ditta di Milano si era associata a un'altra grande ditta giapponese.

In quel periodo io avevo appena compito dodici anni e stavo frequentando la seconda media, mio fratello maggiore frequentava il terzo anno da geometra, mia sorella di sedici anni faceva qualche sporadico lavoretto in un maglificio e il mio fratellino di otto anni andava ancora alle elementari.

Ognuno cercava di andare avanti come meglio poteva, giorno per giorno, ma tra tutti io ero senza dubbio alcuno quello che aveva risentito maggiormente della mancanza della figura paterna durante l'infanzia. Di carattere fragile e assai timido, iniziai a rinchiudermi in un mondo tutto mio. Cercavo di evitare il contatto con gli altri e questo non per capriccio o per mia volontà, ma semplicemente perché stare assieme ad altre persone, sia grandi sia della mia stessa età, mi riusciva dannatamente difficile.

Era come se un abisso senza fine mi tenesse isolato dal resto del mondo... un abisso dal quale mi sembrava impossibile poter uscire.

"Sei come Toro Seduto!" (il famoso capo indiano noto per la sua severità) mi diceva una mia zia che abitava accanto a noi, proprio per rimproverarmi il fatto che me ne stavo sempre sulle mie, sempre immusonito e senza mai rivolgere la parola a nessuno.

Di questo io me ne rendevo perfettamente conto, specialmente quando i miei compagni di classe mi chiedevano di andare da qualche parte tutti assieme e io immancabilmente rifiutavo, trovando sempre qualche scusa, anche banale, per poi però soffrire come un dannato nel momento in cui li vedevo spensierati e felici allontanarsi senza di me. "Ma perché diavolo non li segui?" continuavo a ripetermi, ma a questa domanda però non sapevo proprio dare una risposta.

Quel mio stato d'essere così negativo non si limitava a creare disagi nei rapporti interpersonali, purtroppo si ripercuoteva anche negli studi. Il mio rendimento era disastroso, al punto da spingere i professori a richiedere un drastico intervento da parte dei miei genitori. Ma che potava fare mia madre da sola? Era già troppo impegnata con tutti gli altri problemi che le si presentavano quotidianamente... purtroppo non aveva certo né il tempo, né (bisogna ammetterlo) tanto meno le capacità per risolvere anche i miei problemi.

Lei ci provava a darmi dei consigli, cercava di rassicurarmi dicendo che era solo un brutto periodo e che molto presto me lo sarei ritrovato alle spalle ma non serviva a nulla.

Una volta provò anche a portarmi a colloquio con uno specialista, ma questi sembrava essere più interessato alla mamma che ai miei problemi. Almeno questo è quello che ho sempre pensato, visto che parlò con lei per almeno un'ora, rivolgendosi a me solamente per qualche breve e inutile domanda. Naturalmente non si risolse niente e tutto continuò come e più di prima.

Un luogo però c'era in cui mi trovavo davvero a mio agio: il campo da calcio. Lì, riuscivo a dare il meglio di me stesso. Quel rettangolo verde era per me un luogo magico, non so bene spiegare il motivo, ma quando entravo negli spogliatoi per prepararmi a una partita, il timoroso e pauroso Mauro tutto a un tratto svaniva. Era come se, nel momento stesso in cui indossavo la maglietta e i pantaloncini da calcio, mi fossi messo addosso un' armatura invincibile che faceva magicamente sparire nel nulla tutte le mie ansie e le mille paure.

Alla fine delle partite però, quando i miei compagni si riunivano per andare a festeggiare da qualche parte (sia che si avesse vinto o anche perso), ecco che allora tornava in me quel senso d'insicurezza che mi attanagliava l'animo e mi costringeva a rifiutare la loro compagnia. "Dai, Mauro, perché non vieni anche tu?" mi chiedevano ogni volta pur conoscendo la mia risposta negativa.

E così, mentre loro andavano a divertirsi, io me ne tornavo desolatamente a casa con i miei tristi pensieri che proprio non volevano abbandonarmi.

Un giorno arrivò una lettera di mio padre dalla Cina in cui ci comunicava che al cantiere tutto ormai era pronto, comprese le abitazioni per le poche famiglie d'italiani e che nel giro di pochi giorni sarebbe tornato a casa per organizzare il ritorno a Formosa con tutta la famiglia… beh… non proprio tutta!! Io dovevo ancora terminare la terza media e presentare gli esami per il diploma e anche mio fratello maggiore doveva terminare i suoi studi da geometra… come avremmo fatto?! Là, in mezzo alle sperdute montagne dell'isola, non c'era certo la possibilità di farci terminare il nostro percorso formativo. La decisione fu presto presa: lasciarci a casa affidandoci alle cure del nonno paterno. La nonna era morta qualche tempo prima, per questo il nonno accettò di trasferirsi da noi assieme alla figlia, la zia Gina, una trentenne, ancora celibe, che si prendeva cura di lui.

Fu così che mio padre, mia madre, mia sorella e il mio fratellino partirono per la Cina, con immensa gioia di mio fratello maggiore, che non aveva nessuna voglia di andarsene via perché così poteva restarsene a casa per terminare gli studi e soprattutto per continuare a frequentare la sua amichetta... ma con grande turbamento da parte mia perché, in un momento così difficile e delicato della mia vita avrei dovuto fare a meno anche della mamma.

Mi rinchiusi ancor di più in me stesso. Per me quello fu un periodo veramente terribile!!! Non credevo fosse possibile raggiungere uno stato d'animo più negativo. Sentivo il peso della mia angoscia aumentare sempre più fino a diventare insopportabile. Mi sentivo talmente piccolo e insignificante che arrivai anche al punto di fare veramente dei brutti pensieri riguardo all'utilità della mia presenza in questo mondo. Non mi andava più nemmeno di andare a giocare a calcio e solo più tardi, grazie all'insistenza dei miei compagni di squadra, tornai a frequentare il campo, sebbene non più con gli ottimi risultati di prima, anche perché venni a sapere che era stato il nonno a pregarli di farmi convinto.

Il nonno si era perfettamente reso conto del mio turbamento e decise di comunicarlo ai miei genitori con una lettera in cui gli spiegava che, secondo lui, sarebbe stato meglio farmi riunire a loro il prima possibile. Nel frattempo, per quanto possibile perché anziano, ce la mise tutta per farmi stare meglio.

"Mauro dai vieni con me, fammi un po' di compagnia" mi diceva sempre. Mi portava in giro con lui appena poteva, per vedere i lavori che aveva fatto da giovane, o anche semplicemente per fare una passeggiata. Mi chiedeva poi di aiutarlo a fare qualche lavoretto, anche se era benissimo in grado di cavarsela da solo…

Piano piano il nonno diventò la mia ancora di salvezza, ed io mi ci aggrappai, trascorrendo con lui più tempo che potevo, arrivando addirittura a preferire la sua compagnia a quella dei miei coetanei.

Il nonno… era un anziano dispotico ed esigente, tutti in paese lo soprannominavano proprio per questo "IL DUCE". Quando era con me però si comportava davvero in modo dolce ed affettuoso!

Mi piacevano moltissimo le serate passate da soli, io e lui, in particolare quando mi raccontava dei tempi duri che tutti al paese avevano dovuto passare durante la recente seconda guerra mondiale.

Ricordo una serata di fine maggio in cui il suo racconto mi accese particolarmente d'interesse.

Avevamo appena cenato e il nonno, com'era sua abitudine, si era già accomodato nella sua personale sedia a sdraio, stabilmente posteggiata sul giardino dietro casa, all'ombra di una grande pianta.

Per lui quel momento era a tutti gli effetti un rito sacro a cui non avrebbe rinunciato per nulla al mondo. Non vedeva l'ora di sprofondare in quella sua sedia, rilassarsi e lasciarsi alle spalle una lunga giornata.

"Mauro!" sentì chiamare quella sera.

"Sì, che c'è?" risposi io accorrendo prontamente dall'adiacente cucinino.

"Per favore, mi porteresti una bacinella d'acqua per rinfrescarmi i piedi? Se lo chiedo a quella lumaca di tua zia, finisce che me la porta quando è ormai ora di andare a letto!".

"Certo!" gli risposi ben felice di essergli d'aiuto.

In un attimo lo raggiunsi con il richiesto e subito dopo mi sistemai ai suoi piedi per fargli un bel massaggio.

"Ahhhh, che bello!!" Sospirò. Poi, con tono severo mentre rifletteva, aggiunse: "Sai Mauro. Tu sei giovane, so bene che al momento nella testa hai ben altri problemi, ma ricordati che nella vita sono anche queste piccole cose che ti riempiono il cuore di gioia!".

Io, che nel frattempo mi ero accomodato accanto a lui, lo guardai perplesso. Il mio udito aveva percepito quello che mi aveva detto, ma il mio cervello si rifiutava di accettare tale considerazione, quindi, quasi per cambiare discorso gli chiesi: "Perché non mi racconti qualcosa del tuo passato?".

Il nonno evidentemente accortosi di quel mio disagio, ne fu ben contento e prontamente iniziò a raccontare.

"Sai..." mi disse "...il periodo più brutto per tutti noi, e non solo qui al paese, è stato quando la guerra era ormai giunta all'epilogo. I tedeschi stavano abbandonando i nostri territori per cercare di sfuggire all'avanzata degli americani e a quel punto non guardavano più in faccia nessuno. Se per esempio a loro serviva qualcosa, come cibo, armi o un qualsiasi mezzo che gli permettesse di fuggire, semplicemente se lo prendevano, senza nulla chiedere a nessuno. Come se tutto fosse a loro dovuto. A me hanno sequestrato la bicicletta! Era una bellissima Bianchi di cui andavo orgoglioso, perché sai, allora una bella bici non era una cosa da niente! Ben pochi se la potevano permettere e tutti gli amici me la invidiavano!".

"E tu non hai reagito?" gli chiesi.

"Vorrai scherzare spero?!!! Bisognava fare buon viso a cattivo gioco! Noi tutti sapevamo cosa poteva succedere a chi osava ribellarsi ed io non volevo certo sperimentare fino a dove sarebbero potuti arrivare quei tedeschi se messi alle strette! Lo sanno bene i molti giovani che sono stati presi come ostaggi e portati via per finire nei campi di concentramento. Anche un paio di amici miei coetanei sono spariti, portati in Polonia e mai più rivisti! Poveracci... chissà che fine avranno fatto!!".

"E tu?" chiesi molto incuriosito " Non hai mai corso pericoli di vita?".

"Beh no..." mi rispose con un filo di voce. "Io allora ero iscritto al partito fascista e i tedeschi del posto ne erano al corrente. Forse è per questo che mi hanno lasciato in pace e si sono accontentati della mia bicicletta. Ma ti assicuro che molti altri non hanno avuto la mia stessa fortuna e sono stati malmenati anche duramente per il solo fatto di essersi ribellati ai loro soprusi. Per questo che poi, al loro passaggio, terrorizzati correvamo tutti a nasconderci nei posti anche più impensati".

"Per esempio dove?" chiesi io.

"Ehhh..." rispose con un mezzo sorriso "...in questo noi eravamo dei veri maestri! Qualsiasi pertugio diventava un nascondiglio perfetto, sia esso naturale che creato appositamente, come ad esempio quello di un mio amico che aveva ricavato una grande camera sotto al letamaio!".

"Sotto al letamaio?! Ma come facevano ad entrarci?".

"Tramite una tavola che ricopriva e celava l'entrata!".

"E tu? Avevi un nascondiglio particolare?".

"No" rispose "Come ti ho già detto, conoscevano la mia famiglia e a noi non hanno mai fatto del male. Sai... mi sentivo un po' in colpa per quel mio essere privilegiato, ma devi anche sapere che allora io credevo ciecamente nel partito fascista. Quando m'iscrissi, non potevo certo sapere quello che sarebbe successo in futuro (riferendosi certamente alla scellerata scelta di unirsi ai tedeschi per un'improbabile conquista del mondo). Comunque devo riconoscere che è stata una vera fortuna per me possedere quella tessera, anche se... " disse poi "...una volta me la sono vista davvero brutta lo stesso!".

"Perché, cosa ti è successo?" gli chiesi prontamente.

"Era un mattino presto... " continuò il nonno con lo sguardo rivolto in alto, forse per fare in modo di rievocare bene un fatto che evidentemente aveva cercato di cancellare dalla sua memoria. "... io e due miei amici ci stavamo recando sulle rive del fiume per recuperare delle nasse che avremmo usato per prendere del pesce da portare a casa per la cena. Sai, allora il pesce, forse per via della grande fame che c'era, era davvero squisito e per noi la pesca non era un semplice passatempo come lo è per te ora!".

"Sì, sì... va beh, vai avanti!" lo supplicai incuriosito.

"Beh... eravamo quasi arrivati, quando ad un tratto, il totale silenzio che regnava in quel posto, fu interrotto da delle grida agghiaccianti. Noi tre per un attimo ci guardammo negli occhi increduli, e in silenzio cercammo di capire che cosa o chi fosse stato a cacciare quelle urla. Poi, un attimo dopo, udimmo un altro urlo, subito seguito da uno sparo e non proveniva neanche da molto più lontano da dove ci trovavamo noi. Incuriositi, facendoci cenno di fare in silenzio, ci avvicinammo il più possibile al luogo. Sai questo fatto è accaduto là, dove il fiume fa una grande curva, a San Tomìo. Lo sai dov'è no?".

"Si si certo, vai avanti!" risposi incalzandolo "E... poi?".

"E poi, quello che vedemmo ci lasciò paralizzati dalla paura. Erano in sei o sette tedeschi, tutti con le loro belle divise tirate a lucido. Avevano legato ad un albero un tipo, uno mai visto prima, che nessuno di noi conosceva. Quel poveraccio, un borghese circa della mia stessa età, vestito molto bene come se fosse appena stato a un matrimonio, aveva il viso ricoperto di sangue, ed era evidente che era stato torturato a lungo da quegli aguzzini che gli stavano tutti intorno. Uno di loro, proprio in quel momento, lo stava scuotendo per accertarsi della sua morte".

"Ed era... morto!?".

"No, non ancora... purtroppo!!" Rispose rabbuiandosi "...purtroppo per lui, perché la sua agonia durò ancora alcuni minuti, e purtroppo anche per me!".

"Per te? Che cosa vuoi dire?".

"In quei suoi ultimi istanti di vita, mentre disperato spaziava con lo sguardo in cerca di un qualche aiuto, beh... ci fu un attimo in cui il nostro sguardo s'incrociò. Non dimenticherò mai lo sforzo che fece nel vano tentativo di chiedere il mio intervento quando poi, con i suoi occhi sbarrati su di me, egli abbassò il capo e morì".

Tra me e il nonno calò un silenzio imbarazzante, poi continuò con un filo di voce.

"Sicuramente stavano cercando di estorcergli qualcosa, forse dei soldi o delle informazioni. Fatto sta che a un certo punto, non contenti di averlo pestato a sangue, uno di loro gli sparò quel colpo di pistola. Noi... " continuò, riprendendo con il tono di voce abituale "...eravamo lì acquattati a pochi passi da loro che se la ridevano come se fossero stati ad un pic-nic quando ad un tratto il Mario si mosse incautamente rompendo un ramo secco ai suoi piedi. CRAAAK... si udii! Quel rumore ci bloccò tutti e tre come statue, trattenemmo anche il respiro per evitare di venire scoperti. I tedeschi, incredibilmente, forse perché impegnati nei loro discorsi, al momento non si accorsero di nulla. Non lo avevano sentito quel rumore, che invece spaventò un fagiano lì vicino a noi il quale svolazzò via in alto facendo un baccano tremendo. A quel punto sì che i tedeschi si allarmarono e dopo aver confabulato tra di loro, si precipitarono di corsa verso la nostra direzione urlando e minacciando con le armi in pugno. Fuggimmo a gambe levate. Fu il Mario a farci strada e grazie anche alla nostra conoscenza dei luoghi, riuscimmo a distanziarli quel tanto per permetterci di arrivare al suo nascondiglio senza essere visti. E sai dov'era quel rifugio sicuro?".

"No di certo!" risposi.

"Proprio sotto il ponte dell'Adige! Hai presente quei piloni che spuntano dall'acqua e che sostengono il tutto? Beh, alla loro base c'era, e forse c'è ancora, un buco ben nascosto che prosegue poi per tutta la larghezza del ponte. Quel nascondiglio era sconosciuto anche da me che sono del posto, figuriamoci per i tedeschi, non ci avrebbero mai trovato là sotto. E, infatti, poco dopo esserci rannicchiati, avendo avuto prima l'accortezza di celare bene l'entrata con dei rami, sentimmo degli uomini correre e urlare in tedesco proprio sopra alle nostre teste. Frugarono dappertutto lì intorno, ma naturalmente non riuscirono a trovarci e dopo un bel po', quando fummo assolutamente certi che i nostri inseguitori avevano proseguito oltre, ce ne tornammo alle rispettive case tirando un bel sospiro per lo scampato pericolo!".

"E quel tale che avevano ucciso là nel bosco? Hai saputo poi chi era?".

"Naturalmente! Il giorno successivo di quei tedeschi non c'era più traccia ma quel poveraccio fu presto ritrovato. Si trattava di un modenese".

"Si sa perché lo hanno torturato fino ad ucciderlo?".

"No, di preciso nessuno l'ha mai saputo!".

"WUAOOoo" dissi alquanto soddisfatto del racconto, mentre mi alzavo dalla sedia "Nonno, vuoi che ti porti via la bacinella?" gli chiesi prima di andarmene.

"No, no, rimango ancora un pochino. Ci penserà poi tua zia. Vai pure a dormire che domani hai la scuola!".

"Grazie della favola!" gli dissi a quel punto, dandogli un bacio e augurandogli la buona notte.

"EHhhh, magari si trattasse solo di una favola!" rispose sommessamente ricambiando la buona notte.

Quella che trascorsi però, non fu propriamente una buona notte per me, perché evidentemente scosso dal racconto, feci un sogno terribile.

Mi trovavo sulle sponde dell'Adige ed ero inseguito da un'ombra nera dalle sembianze per metà umane e per metà animalesche che cercava di afferrarmi. Io, terrorizzato cercavo disperatamente di sfuggirgli, ma proprio non mi riusciva, perché sentivo le gambe che si muovevano nel vuoto senza trovare alcun appoggio, mentre quell'ombra si avvicinava sempre più. Proprio quando mi stava per raggiungere, ho visto in lontananza, dove finisce il ponte, la figura rassicurante di un uomo che mi faceva segno di andare verso di lui . Ricordo di aver provato a raggiungerlo con tutte le mie forze perché a mano a mano che mi avvicinavo, avvertivo come un senso di calore, di luce e di protezione, non me lo so davvero spiegare. Poi... proprio quando finalmente stavo per afferrare le sue mani... di colpo mi sono svegliato.

Mi resi subito conto che avevo davvero afferrato delle mani... ma erano quelle della zia Gina, la quale, appena rientrata da una nottata con gli amici, era venuta a controllare se stessi bene perché si era accorta che mi stavo agitando oltremodo nel sonno.

"Mauro, ehi Mauro. Cosa c'è stai poco bene?" mi chiese scuotendomi con delicatezza. Io la guardai con sguardo assente, cercando di capire se stessi ancora sognando o fossi sveglio, ma piano piano mi ripresi del tutto e a quel punto la tranquillizzai.

"Sì, sì... va tutto bene!" risposi "... è stato solo un brutto sogno!".

"È stato il nonno vero?".

"Ehhh? Cosa?" le chiesi ancora un po' rintronato.

"... il nonno... ti ha raccontato qualche brutta storia che ti ha impressionato e tu hai avuto il tuo bell'incubo. Non è così?".

"Già hai ragione!".

"Stai bene ora? È tutto a posto?... Su, dai, non pensarci più!".

"Va bene, grazie zia! Vai pure a dormire, io ora farò altrettanto!".

La zia se ne andò dalla mia stanza, chiudendosi delicatamente la porta alle spalle... ora ero solo... Beh non proprio solo, con me, c'erano sempre quei brutti pensieri che non volevano abbandonarmi.

Cercai di dormire, ma niente da fare, la mia mente era in completo stato di allerta e obbligò i miei occhi a rimanere sempre spalancati, vigili e ricettivi per tutta la notte... dopo un po' arrivai anche a convincermi di vedere delle ombre nere sui muri della mia cameretta.

Io, terrorizzato, m'infilai sotto le coperte, nella vana speranza che queste si dileguassero come d'incanto, ma ogni volta che mi azzardavo a buttar fuori uno sguardo, esse erano ancora là.

Riuscii a prendere sonno solo alle prime luci dell'alba le quali mi sembrarono quasi essere delle forze alleate, accorse in mio aiuto contro le presenze oscure che mi stavano insidiando.

"Mauro! Sveglia, è ora di andare a scuola!" mi urlò la zia scuotendomi.

"Ohhh... nooo!!!" risposi "Mi sono appena addormentato! Proprio non ce la faccio oggi. Ti prego lasciami dormire ancora un po'...".

"Va bene" rispose, dopo averci pensato qualche istante "... hai passato una nottataccia. Rimani pure a dormire per questa volta. Ci penserò io a firmarti un permesso da consegnare ai professori".

"Grazie zia!" dissi ficcando la testa sotto il cuscino e tornandomene nel mondo dei sogni all'istante.

Fu ancora lei a svegliarmi poi, dicendomi che era quasi ora di pranzo e che dovevo scendere per mangiare.

Il nonno non c'era a tavola.

"Siamo da soli oggi!" mi disse la zia anticipando la mia domanda "... tuo nonno è andato all'ospedale per farsi dei controlli" concluse, senza specificare nemmeno che tipi di controlli.

Mangiammo qualcosa in fretta, senza scambiarci più neppure una parola. Non mi chiese nemmeno se fossi riuscito a recuperare un po' di sonno... forse perché era preoccupata per la salute del nonno... io d'altro canto non le dissi nulla, non avevo nessuna voglia di parlare, avevo un solo desiderio in quel momento: uscire.

Avevo ancora il boccone in gola, quando mi alzai da tavola, alla zia dissi che andavo a fare quattro passi e che sarei tornato presto.

"Vai pure!" mi rispose, ma non sono certo che mi avesse davvero ascoltato, assorta com'era nei suoi pensieri.

Era un bel pomeriggio. In giro non si vedeva nessuno, a quell'ora erano sicuramente ancora tutti seduti a tavola.

Di buon passo mi diressi verso le sponde dell'Adige.

Era primavera e il sole con i suoi tiepidi raggi cominciava a riscaldare l'aria. Ammirai i vivaci colori della natura che si stava risvegliando, i quali finalmente riuscivano ad avere la meglio sul monotono grigio invernale. Fin dalla più tenera età ho sempre fatto lunghe passeggiate sulle sponde dell'Adige, specie in quel periodo dell'anno forse perché dopo un lungo inverno era il momento in cui tutto si risvegliava, compresi i nostri sensi assopiti.

Come d'incanto mi sentii più rilassato e sereno, quel brutto incubo della notte mi sembrò subito appartenere a un passato remoto. Immerso nel silenzio, mentre il mio sguardo spaziava tutto intorno per ammirarne la bellezza del panorama, mi sembrava davvero impossibile che lì potessero essere accaduti dei fatti tanto brutali quanto quelli descrittomi dal nonno.

In preda ad una morbosa curiosità, affrettai i miei passi dirigendomi verso il ponte. Volevo vedere con i miei stessi occhi, se alla base dei piloni, esisteva davvero l'entrata in cui il nonno andò a rifugiarsi con i suoi amici per sfuggire ai tedeschi.

In un attimo percorsi il breve tragitto, stavo quasi per arrivare quando incrociai due anziane signore del paese, conosciute da tutti come delle grandi pettegole. Queste chiacchieravano tra loro con un tono di voce talmente alto, che al loro passaggio gli uccellini appollaiati negli alberi volarono via, come se avessero voluto scappare da quei discorsi che a loro proprio non interessavano.

"Ehilà Mauro!" disse una delle due, notandomi "Che ci fai qui tutto solo?".

"Sto raggiungendo degli amici che mi aspettano là oltre il ponte... " risposi prontamente mentendo, rallentando il mio passo fin quasi a fermarmi per fare in modo che le due si allontanassero oltre. Non volevo che mi vedessero mentre mi accingevo a scavalcare il parapetto del ponte per calarmi alla base del pilone, perché sicuramente me lo avrebbero impedito per paura che mi facessi del male.

Le due signore, tutte prese dai loro discorsi, sparirono in breve tempo dopo una grande ansa del fiume.

A quel punto io, tornato a essere solo, potei riprendere il mio passo veloce per raggiungere il punto esatto descrittomi dal nonno.

Allora il traffico era molto limitato e in quel momento, in particolare, era proprio deserto. Mi guardai bene in giro per assicurarmi che non ci fosse assolutamente nessuno.

"Ci siamo, coraggio!" mi dissi, appoggiandomi al parapetto per guardare in giù, dove le acque del fiume scorrevano impetuose.

"Però!..." pensai, indietreggiando "Non mi sembrava che fosse così alto!". Per un momento fui tentato di lasciar perdere ma no... non volevo battere in ritirata, ero giunto sin lì per trovare il nascondiglio!

Cominciai mentalmente a fare un conto alla rovescia partendo dal dieci.

"Allo zero scavalco e inizio a calarmi!" Mi dissi deciso "...dieci, nove... cinque, quattro, tre, due..." proprio nel momento esatto in cui stavo per arrivare allo zero, un'improvvisa voce alle mie spalle mi bloccò.

"Ehi tu... ragazzo, cosa stai facendo?"

"Chi è?" mi chiesi girandomi, quasi sollevato nell'essere stato interrotto.

"Che cosa vuoi fare?" Continuò "Non lo sai che è molto pericoloso sporgersi?".

Lo riconobbi subito quello strambo tipo, era il Kope, un vagabondo ubriacone, che si reggeva a malapena in piedi, sporco e con una barba lunga e incolta, che viveva in solitudine con quel poco che riusciva a racimolare elemosinando.

Lo conoscevano tutti in paese, la prima volta che lo vidi fu qualche anno prima, mentre stavo tornando in sella alla mia bicicletta dal campo da calcio, dove mi ero recato per il solito allenamento.

Era una serata fredda e nebbiosa, come sempre io ero solo e com'era mia abitudine, avrei dovuto percorrere la strada principale la quale, anche se leggermente più lunga, era ben illuminata e frequentata. Quella sera, invece, assai stanco e smanioso di arrivare a casa, decisi di prendere una scorciatoia: una stradina secondaria, buia e sterrata che costeggiava un fossato. Ero tutto assorto nei miei pensieri e pedalavo tranquillamente, quando a un tratto sentii un gemito provenire dal bordo strada. Mille volte la mamma mi aveva raccomandato di non percorrere quella strada con il buio, ma solo in quel momento mi tornarono alla mente le sue parole. Come prima reazione, puntai i piedi sui pedali e scattai via veloce come se fossi inseguito da un lupo mannaro. Ero quasi arrivato al bivio che poi, tramite una traversa, riconduceva alla via principale, ma stranamente, invece di continuare la mia corsa verso la luce dei lampioni, che in quel momento rappresentavano per me la salvezza, arrestai la bici e mi voltai. Non c'era assolutamente nessuno. Tutto intorno era silenzioso e immobile. Cominciai a pensare che quello che avevo sentito fosse stato semplicemente il verso di qualche animale quindi me ne stavo per rimontare in sella quando, proprio in quel momento, ecco un'altra volta quel lamento. Non sembrava affatto un animale... era proprio un lamento! Mi feci coraggio e con la bici in mano lentamente m'incamminai verso la fonte di quel gemito. Non avevo neanche il minimo sentore di che cosa si trattasse o di chi fosse fino a quando, arrivato sul posto lo vidi. Era proprio lui, il Kope, tutto raggomitolato sul ciglio del fossato che continuava a lanciare a brevi intervalli quel lamento che mi faceva gelare il sangue nelle vene. Sembrava un misto tra il vagito di un neonato e il guaito di un cane. Non avendo il coraggio di avvicinarmi oltre, rimanendo a distanza di sicurezza gli chiesi se avesse bisogno di aiuto. Lui per un attimo rimase in silenzio, poi compiendo un notevole sforzo si mise seduto, mi guardò negli occhi rispondendomi che non dovevo preoccupami e che potevo andare. Rimontai quindi in groppa al mio... cavallo a due ruote e con l'animo sereno, come se fossi stato uno scudiero che aveva appena salvato una donzella da un drago, me ne tornai a casa.

A quel primo, strano incontro, ne seguì un altro, pochi mesi dopo.

Avevo appena finito di cenare ed ero uscito in cortile per sbattere la tovaglia. Lo vidi vagabondare davanti al cancello e lo salutai. Il nonno, che stava uscendo anche lui da casa lo riconobbe e gli chiese se fosse in cerca dell'ennesimo bicchiere di vino, lo stava allontanando dicendogli di andare a elemosinare da un'altra parte ma io, impietosito, gli dissi di aspettarmi un momento. Entrai in casa e chiesi alla zia se fosse avanzata un po' della minestra di verdure che avevamo appena mangiato e poi corsi a chiamare il Kope per offrirgli un piatto caldo. Anche il nonno alla fine acconsentì a farlo accomodare a tavola. Il Kope molto discretamente accettò l'invito ma credo di essere stato il solo, in quel momento, a cogliere nel suo viso un'espressione che non era solo di gratitudine, quanto piuttosto di meraviglia, come se non si fosse mai aspettato un gesto di generosità così, specialmente da parte di un ragazzo. Poveretto, era abituato ad essere maltrattato da tutti, in particolar modo dai giovani che lo prendevano in giro offendendolo e a volte persino facendolo bersaglio dei sassi. Una volta, qualche buon'anima che volle rimanere anonima, lo portò addirittura d'urgenza al pronto soccorso, dopo che qualcuno lo aveva malmenato. Fortunatamente si ristabilì completamente nel giro di pochi giorni, riprendendo poi il suo solito stile di vita come se nulla fosse accaduto, ma la gente, invece di esserne contenta, aveva cominciato a spargere in giro cattive voci su di lui, tipo che neanche il le botte lo avrebbero abbattuto, che il vino invece di indebolirlo lo rinforzava e cose simili...

"Spiegami cosa volevi fare... non stavi forse cercando di buttarti giù?!" mi disse.

"No no tranquillo" risposi (anche se qualche volta ho pensato di farlo veramente).

"Volevo accertarmi di una cosa, solo che per farlo devo calarmi giù..."

"Dimmi, che cosa? Sai, io conosco molto bene ogni angolo di questi posti, magari posso esserti d'aiuto!"

In quel momento, il ponte cominciò a vibrare, stava arrivando un grosso camion carico di merci che, con un rumore assordante, ci passò accanto sollevando una nuvola di polvere che ci investì.

Il Kope si allontanò con il suo caratteristico passo incerto, dandosi delle pacche sui pantaloni per levarsi la polvere di dosso.

Io lo guardai camminare fino a che, arrivato in fondo al ponte, si voltò e mi fece il gesto di avvicinarmi.

In quel momento ebbi come un déjà-vu, mi sembrava di aver già visto quella scena, anche se non ricordavo dove...

Senza pensarci feci un cenno d'intesa con la testa e lo raggiunsi.

"Perché non facciamo quatto chiacchiere noi due?" mi disse, accomodandosi sull'erba.

Era strano, tutti evitavano da sempre il Kope come la peste, io però in quel momento mi sentivo perfettamente a mio agio con lui. Non mi sembrava affatto un ubriacone. Con il suo modo di esprimersi, calmo e sereno, mi trasmetteva tranquillità.

Mi sedetti accanto a lui sulla fresca erba dell'argine come fanno due amici di vecchia data.

"Allora" mi disse "dimmi cosa stavi cercando... ".

"Ma... niente di particolare, volevo vedere se esiste davvero il nascondiglio di cui mi ha parlato mio nonno in una delle sue storie!"

"Quale nascondiglio?" mi chiese lui.

"Ne sai niente tu di un'entrata misteriosa alla base dei piloni che conduce fin sotto il ponte?"

"Ah ah ah... " rispose lui facendosi una risata "...e tu stavi rischiando la vita calandoti laggiù per questo? Bastava guardare un po' meglio nel posto giusto! Vedi alla fine dell'argine, poco prima dell'acqua? Bene, là c'è un sentiero. Questo aggira la base del pilone e porta dall'altra parte, dove si trova l'entrata. Non è per niente un mistero!"

Lo ammetto, quella rivelazione mi deluse parecchio perché nella mia mente si era ormai fatto strada l'idea di scoprire chissà quale rifugio segreto e magari di ritrovare qualche prezioso reperto di guerra (non era raro a quei tempi trovare bozzoli di proiettili, pezzi di fucile, elmetti o addirittura delle baionette).

"Che c'è?" mi chiese ancora "Mi sembri deluso, o forse che non mi credi? Vuoi vedere con i tuoi occhi? Ti accompagno se vuoi!"

"No no, ti credo... " risposi " Non fa niente..."

Il Kope mi guardò fissandomi negli occhi talmente a lungo che io ad un tratto mi sentii imbarazzato.

"Il tuo sguardo è così vuoto, buio... i tuoi occhi sono un pozzo di tristezza ove non c'è traccia nemmeno di una sola lacrima... quante ne hai versante povera creatura!?"

Io abbassai lo sguardo, un nodo alla gola mi dette l'impressione di essere sul punto di soffocare.

"Posso prenderti per mano?" mi disse, tendendomi la sua "Non preoccuparti non te la mangio! " continuò notando il mio imbarazzo.

"Va bene" dissi incuriosito... "Vuoi per caso leggermi il futuro?!" continuai giusto per rompere quel momento d'impasse.

Lui senza neppure rispondermi, prese la mia mano e se la portò in mezzo alle sue stringendola.

Passarono alcuni istanti così immersi nel silenzio, e fu come se, all'improvviso, tutto il mondo intorno a noi si fosse fermato. Non si sentiva più nemmeno lo scorrere del fiume, o gli uccelli fischiettare e nemmeno la brezza dell'aria che fino a poco prima ci accarezzava la pelle. Tutto diventò statico e irreale.

Io gli stavo davanti e lo guardavo mentre lui teneva gli occhi chiusi.

A un tratto cominciai a vedere tutto sfocato. Solo il suo viso mi appariva ancora limpido e in quel preciso istante mi resi conto che era lui... era il Kope che nel sogno mi stava chiamando per salvarmi da quell'ombra nera!

Io rimasi impietrito e subito staccai la mia mano dalle sue indietreggiando di scatto come se fossi stato investito una forte scossa di corrente.

"Ma... non è possibile... chi sei!!!?"

"Quello che nel profondo del tuo animo speri che io sia!"

"Non capisco, cosa vuoi da me?!"

"Non temermi! Voglio aiutarti. Tu hai un animo buono, meriti di vivere una lunga vita meravigliosa!"

"Eh... magari... " risposi sospirando.

"Devi ascoltarmi attentamente!" Il suo sguardo da tenero e compassionevole divenne a un tratto serio. "Tra non molto ti ricongiungerai alla tua famiglia. Vivrai un periodo molto felice in un luogo lontano. Acquisterai gradatamente fiducia in te stesso arrivando ben presto anche al giorno in cui riuscirai a sconfiggere il nemico che ti sta tormentando l'animo. Il tuo rapporto con gli altri migliorerà moltissimo e la tua vita scorrerà felice e serena ma..."

Io me ne rimasi in silenzio ad ascoltare, in ansiosa attesa di un suo proseguo.

"...10 luglio 1972..."

"Cosa c'è. Che cosa succederà in quella data?!" gli chiesi interrompendo il mio silenzio.

"Quel giorno non dovrai assolutamente trovarti in quei luoghi, altrimenti la linea della tua vita si spezzerà!"

"Va bene. Ma dimmi, cosa succederà quel giorno, perché non dovrei più trovarmi là?"

Non posso dirti di più perché rischierei di alterare il corso naturale degli eventi. Quello che ti ho detto ti deve bastare. Fidati!"

"Ma io cosa posso fare!!! Se è vero quello che finalmente raggiungerò i miei, come posso poi convincerli che per quella data non dovremmo più trovarci là? Non mi ascolteranno nemmeno!!"

"Hai fiducia in me? Credi in quello che ti ho detto?"

"Si sì, ma ti ripeto. Come faccio a convincere i miei a tornare a casa?"

"Non preoccuparti, ti aiuterò io se sarà necessario. Ricorda: 10 luglio 1972!"

"Senti, noi ci rivedremo?" gli chiesi dopo una breve pausa di riflessione "Mi piacerebbe molto sapere di più su di te..."

"Chi lo può sapere... ora vai, devi rientrare, si sta facendo tardi e a casa cominceranno a preoccuparsi!" concluse alzandosi faticosamente da terra e in un attimo, tutto traballante e curvo su se stesso si allontanò. Lo guardai fino a quando divenne solo un puntino lontano, dopodiché non mi rimase che dirigermi verso casa.

Strada facendo, ripensai a quello che mi era appena successo e mi resi conto di quanto assurdo fosse tutto ciò. Erano passati soli pochi minuti ma già tutto mi sembrava così lontano e irreale... cominciai addirittura a pensare che potesse essersi trattato di uno scherzo di cattivo gusto, ad ogni modo, quello su cui non avevo il minimo dubbio, era che non avrei parlato a nessuno di quell'incontro, già ero strano di mio... mi avrebbero sicuramente preso per pazzo!

"Ciao nonno, che fai di bello?" dissi, appena varcato il cancello di casa, vedendo il nonno impegnato a tagliare l'erba del giardino.

"Ehi, Mauro, ma dove sei stato? Ti ho cercato... volevo chiederti se mi aiutavi!" mi rispose.

"Sono andato a fare una passeggiata sulle sponde dell'Adige, vista la bella giornata... com'è andata stamattina in ospedale? Hai fatto quei controlli?" gli chiesi poi con un po' di preoccupazione.

"Tutto bene, sta tranquillo non è niente di preoccupante, le risposte comunque arriveranno solo tra qualche giorno. Tu piuttosto... mi ha detto tua zia che stamani non sei andato a scuola e che la colpa è mia perché ti ho raccontato quella storia che non ti ha fatto dormire!"

"Figurati nonno, io non te ne faccio una colpa, anzi perché non me ne parli ancora un po'?!".

"Beh non c'è più niente da dire a riguardo, quello che ti ho detto è tutto!".

"Parlami un po' del Kope allora. Tu lo conosci bene? Da quanto tempo gironzola da queste parti?".

"Il Kope!?" mi chiese "Perché mi chiedi di lui?"

"Niente... niente..." risposi mordicchiandomi la lingua per non rivelargli dell'incontro appena fatto, "... è solo che oggi l'ho visto mentre passeggiavo e mi sono chiesto chi fosse, quale fosse la sua storia... Kope è il suo vero nome?!..."

"Quell'ubriacone... credo che nessuno al paese sappia molto di lui, nemmeno il suo vero nome! Kope... sai perché lo chiamiamo così? Conosci il gioco delle carte da briscola no? Beh abbiamo pensato al due di coppe, poiché lui molto spesso ci vede doppio essendo sempre ubriaco e perché è una scartina insignificante che non vale niente come lui! Mi sembra appropriato... o no?" mi disse, con un mezzo

37

sorriso. "... sul perché faccia quella vita, beh, gli piace molto il vino ma non gli piace altrettanto lavorare!".

Rimasi un po' deluso dalle risposte che mi aveva dato il nonno... non solo non mi aveva detto molto di più di quello che già sapevo, ma aveva dipinto il Kope come uno scapestrato privo di considerazione e di stima... non so perché, ma in fondo a me quell'ubriacone da tutti disprezzato un po' stava simpatico...

Passò quasi un anno e incredibilmente di quell'incontro non avevo che qualche debole ricordo, come se il tutto fosse accaduto in un sogno. Solo quella data continuava a rimanere scolpita nella mia memoria: 10 luglio 1972.

In quel periodo cominciai ad essere un po' più sereno, forse perché stavo maturando, o forse, probabilmente, grazie a quella chiacchierata con il Kope, nella quale mi aveva predetto un futuro migliore... non so, fatto sta che senza rendermene conto stavo finalmente iniziando a comportarmi come un ragazzo della mia età.

Ero finalmente felice, ma il culmine della mia felicità arrivò quando ricevetti una lettera dai miei, i quali mi comunicavano che molto presto li avrei potuti raggiungere. Ora, in quella lettera, non veniva specificato ancora come e quando avrei intrapreso quel viaggio, per il momento sapevo solo che era stato deciso, tutto il resto me lo avrebbero comunicato con un'altra lettera. Sembra strano adesso che abbiamo a disposizione telefoni, cellulari, internet... ma allora, gli unici strumenti che si potevano utilizzare per comunicare erano carta ed inchiostro.

In poco tempo la notizia si diffuse in tutto il paese ed io diventai improvvisamente l'argomento di tutte le discussioni. Chiunque, conoscenti e non, amici e non, mi fermavano per chiedermi se fosse vero che me ne sarei andato in Cina e per farmi mille domande a riguardo... domande a cui non sapevo ancora dare alcuna risposta.

Certo, oggi, con la globalizzazione e i mezzi sempre più veloci e a disposizione di chiunque, quello sembra un viaggetto da niente ma allora era già tanto andare fino a Milano, figuriamoci fino in Cina!

Mi sentivo al centro dell'attenzione, ero invidiato moltissimo da tutti per l'esperienza unica che mi apprestavo a vivere e quella era una sensazione che non provavo da chissà quanto tempo… mi faceva sentire importante!

Passò circa un mese, e poi finalmente un'altra lettera dai miei.

"Caro Mauro..." scriveva il papà "...è arrivato il momento! Non preoccuparti, è stato tutto organizzato nei minimi particolari. Un signore di Milano verrà qua per dare il cambio a un collega che deve rientrare in Italia e tu farai il viaggio insieme a lui. Non dovrai fare altro che farti portare all'aeroporto di Milano Malpensa la mattina del 17 ottobre. Abbiamo già preso accordi con tuo zio, sarà lui ad accompagnarti e una volta arrivati all'aeroporto, ti farà conoscere il Signor Guidi. Tranquillo, sarà un ottimo compagno di viaggio, è stato proprio lui a offrirsi di farti compagnia. Noi vi aspetteremo all'aeroporto di Taichung la notte del 18 ottobre. A proposito, guarda caso è anche il giorno del tuo compleanno, quale migliore regalo? Non vediamo l'ora di vederti, a presto ciao. Baci papà e mamma".

Con la lettera in mano feci iniziai ad urlare e a fare salti dalla felicità. Non credevo fosse possibile provare una simile gioia ed era tutto vero, stava succedendo proprio a me! Stavo per riabbracciate i miei genitori e me ne stavo per volare in Cina... io, un semplice ragazzo di quattordici anni nato e cresciuto in campagna!

Guardai il calendario, era il 25 settembre, mancavano solamente 22 giorni alla partenza... un'eternità! Ogni giorno sembrava essere lungo il doppio, ero talmente euforico ed eccitato che avevo l'impressione che il tempo andasse a rilento... naturalmente poi, nonostante tutto, quel giorno arrivò.

Era ancora buio quando lo zio bussò alla nostra porta.

"Ehilà, Mauro!" mi disse "Allora, sei pronto!?"

"Pronto?! Lo sono già da diversi giorni!" risposi, mentre mi presentavo davanti a lui con in mano la valigia.

Diedi frettolosamente un bacio alla zia e al nonno e mi precipitai verso l'auto ma una mano mi prese il braccio arrestandomi all'istante. Era il nonno.

"Ehi Mauro!!" mi disse.

"Siiii?!" risposi io impaziente di partire.

"...No, niente, niente... fai buon viaggio!" rispose lui stringendomi in un forte abbraccio.

Allora io non lo avevo capito, ero troppo preso dalla mia frenesia di partire... pensavo che il nonno fosse solo preoccupato per il lungo viaggio che mi apprestavo a fare, non pensavo minimamente che dentro di sé probabilmente sentiva che non mi avrebbe mai più rivisto. Io non lo sapevo!!! Nessuno mi aveva detto che aveva più di... qualche problemino di salute e infatti, dopo pochi mesi soltanto da quel giorno, arrivò là, in Cina la triste notizia della sua morte.

Lo so, anche se in quel momento ne fossi stato al corrente, non sarebbe cambiato nulla, perché sarei comunque partito... quello che però mi rimorde un po' la coscienza è il fatto di non averlo salutato come si meritava, magari dicendogli semplicemente: "Addio, sei il miglior nonno che un nipote possa desiderare, grazie per avermi capito, aiutato e sostenuto nei miei momenti più tristi!" ed invece, preso dalla foga, mi staccai dal suo abbraccio e senza dire una parola saltai in auto.

Il tragitto fino a Milano durò meno di quello che mi aspettassi e in men che non si dica, lo zio mi presentò ad un signore distinto, grande e grosso, sui quarant'anni, che ci stava aspettando nel bar dell'aeroporto.

"Signor Guidi?" chiese lo zio.

"Sì, sono io! ... Albarello?"

"Si" rispose lo zio allungandogli la mano in un saluto "Piacere. Questo giovanotto è Mauro, il figlio di Severino!".

"Piacere mio, non si preoccupi, ci penso io a lui!" Rispose poi, mentre mi metteva affettuosamente un braccio intorno alle spalle.

Ci accomodammo tutti assieme al bar ma dopo aver fatto appena quattro chiacchiere, lo zio si alzò congedandosi e lasciandomi solo con quel tizio appena conosciuto.

Lo ammetto, in quel momento una parte di me se ne sarebbe tornata a casa assieme allo zio! Una piccola parte però, perché appena sentii pronunciare le parole: "Andiamo che è ora", senza la minima esitazione lo seguii.

Era fatta! Era come se stessi vivendo in un sogno, tutto mi sembrava così irreale!

Quel posto era davvero affollato ma non mi metteva per niente soggezione, anzi ero affascinato nel vedere i suoi lunghi corridoi, le mille luci e infine... l'aereo. Un bestione talmente grande che mi sembrava impossibile potesse alzarsi da terra.

Ci accomodammo al nostro posto, io mi sedetti vicino al finestrino da dove potei godermi tutto il lungo rullaggio sulla pista che si concluse poi con il decollo.

Guardavo le case, le strade, gli alberi sotto di me che diventavano sempre più piccoli e distanti fino a sparire completamente nel momento in cui fummo inghiottiti dalle nuvole... non avevo mai vissuto un'esperienza così eccitante prima di allora, ma sentivo che sarebbe stata solo la prima di tante!

Come il decollo, anche tutte le quattordici ore di volo furono molto piacevoli, il Guidi mi lasciò tranquillo, temevo che avrei dovuto sorbirmi le sue chiacchiere per tutto il tempo ma per fortuna mi fece solo qualche breve domanda senza risultare troppo invadente.

Ero felice. Ero letteralmente al... settimo cielo!

"Mauro..." mi disse il Guidi a un certo punto, toccandomi il braccio.

"Su, svegliati, guarda! Stiamo per atterrare a Hong Kong!".

"Cosa?" chiesi un po' frastornato "...Hong Kong?!... pensavo fosse un volo diretto a Formosa!".

"Nooooo" mi rispose con un sorriso, come se per lui fosse stata la cosa più ovvia del mondo.

"Dobbiamo per forza fermarci qui a Hong Kong e cambiare aereo. Non preoccuparti, goditi intanto quest'atterraggio!".

Io immediatamente guardai fuori dal finestrino.

L'aereo si stava velocemente abbassando ma sotto di noi non si vedeva altro che acqua e cominciai ad allarmarmi!

"Ah ah" fece lui "...Lo sapevo che ci rimanevi male. Succede a tutti la prima volta. Qui a Hong Kong la pista di atterraggio si prolunga sull'oceano, ora tu non la vedi ancora ma è proprio sotto di noi!".

In effetti, mentre preoccupato guardavo l'immensità dell'oceano, sempre più vicino a noi, ad un tratto, quando l'aereo si abbassò ulteriormente, riuscii a vederla: si trattava di una lingua di terra che sembrava essere sbucata magicamente dal mare per poi finire tra le rassicuranti braccia della terraferma.

Anche quel mio primo atterraggio fu un'esperienza che non potrò mai dimenticare!

Una volta scesi dall'aereo, ci dirigemmo a chiedere informazioni sul volo che ci avrebbe portati a destinazione.

Il Guidi si rivolse a un signore dietro ad una scrivania ma mi accorsi ben presto che qualcosa non andava perché il suo tono di voce iniziò a cambiare...

"Che succede?" gli chiesi.

"C'è un problema con l'aereo che deve portarci a Formosa! Non si capisce perché questo volo è stato rimandato a domani, ma tranquillo... ora si stanno organizzando per farci trascorrere la notte qui in città!... pensa... è il tuo primo viaggio e hai la possibilità di passare la nottata in un albergo a Hong Kong tutto spesato. Non male ti pare? Lo sai quanti vorrebbero essere al tuo posto?".

"Già... immagino..." risposi un po' seccato, perché a me non interessava affatto Hong Kong, volevo solo ricongiungermi finalmente ai miei genitori.

Il malumore però durò poco perché devo ammettere che tutto fu organizzato nei migliori dei modi: senza farci attendere a lungo, ben presto ci accompagnarono ad un bus che ci condusse all'hotel.

Il tragitto sulle immense strade che si snodavano tra grattacieli altissimi, ornati da una moltitudine di scritte colorate, durò circa mezz'ora.

All'hotel ricevemmo un'accoglienza degna di un re, un inserviente, che indossava una sgargiante divisa bordò con risvolti dorati, ci accompagnò alla stanza prendendosi cura dei nostri bagagli.

La nostra stanza si trovava al 22esimo piano ed era grandissima: c'erano due letti singoli enormi, un gran bel bagno con vasca e doccia, poi un divano, un tavolino con sedie, un mobile bar con sopra una televisione così grande come mai ne avevo viste e per finire, ciò che maggiormente mi colpì: un'immensa vetrata, talmente grande da occupare una parete intera. Mi precipitai a osservare.

Era veramente uno spettacolo da mozzare il fiato!

Davanti a me, una miriade di luci ed insegne multicolori e multiformi si muovevano come in una danza, variando ad intervalli di tempo diversi. Naturalmente io non sapevo minimamente cosa significassero quelle scritte, ma ai miei occhi (quelli di un ragazzo di campagna di soli quattordici anni, nei primi anni '70) quello spettacolo era qualcosa di strabiliante!

"Senti..." mi disse il Guidi, "...preferisci ordinare la cena in camera o scendere al ristorante?"

"Beh, veramente io preferirei cenare in camera..." gli risposi sperando che anche lui fosse di quest'avviso e per fortuna lo era, infatti mentre io continuavo a guardare fuori dalla vetrata, lui ordinò la cena.

"Su, dai, facciamoci una bella doccia che tra non molto arriverà il cameriere!" Mi disse entrando in bagno.

Non vedevo l'ora che arrivasse il mio turno, dopo quella giornata una doccia tiepida mi sembrava davvero un'ottima idea!

Una doccia come quella poi… non l'avevo mai vista prima di allora, aveva persino un seggiolino per godersi appieno il getto d'acqua proveniente da un rosone grande quanto la ruota della mia bicicletta!

Ne approfittai, infatti quando fu il mio momento ci rimasi per un bel po' sotto all'acqua, fino a quando sentii bussare alla porta. "Questo dev'essere il cameriere!" pensai, quindi mi affrettai ad uscire e a rivestirmi per correre in camera a cenare.

Appena aprii la porta del bagno, mi ritrovai davanti ad un tavolo apparecchiato con due grandi vassoi che contenevano dei piccoli piattini ricolmi di cibo e delle scodelline ancora più piccole con dentro delle salse. A prima vista sembravano dei manicaretti deliziosi e il Guidi se li stava già gustando voracemente.

"Scusa ma non ti ho potuto aspettare! Coraggio, vieni!".

Provai ad assaggiare quelle… delizie… ma ne fui davvero deluso, il loro sapore era così strano… così diverso da quello che ero abituato a mangiare!

"Che c'è, non ti va?" mi chiese il Guidi.

"Non molto... comunque... non ho poi tanto appetito..." risposi mentendo, con lo stomaco che brontolava.

"Devi scusarmi..." disse poi "...io adoro la cucina cinese, non ho pensato che potesse non piacerti. Se vuoi, posso ordinare dell'altro!".

"No no, grazie va bene così" risposi.

"Beh" continuò bevendosi un bicchiere di vino "Se più tardi ti viene appetito c'è sempre il frigorifero a disposizione. Dentro c'è dell'ottima frutta... ehm... a proposito di più tardi..." aggiunse con un po' d'imbarazzo "... sai pensavo che... insomma, volevo chiederti se più tardi te la senti di rimanere da solo in camera per qualche ora. Io vorrei uscire a fare quattro passi. Non hai paura vero? Posso stare tranquillo?".

"Sì, sì, ci mancherebbe, vai pure!" risposi alquanto sollevato temendo che dovesse chiedermi chissà che cosa... in effetti, in quella camera con lui non mi sentivo molto a mio agio e sapere che sarei rimasto da solo, non mi dispiaceva affatto, anzi non vedevo l'ora di girare liberamente, accomodarmi sul letto, guardarmi la TV e... saccheggiare il frigorifero per riempirmi finalmente la pancia!

Non ci mise molto a prepararsi, nel giro di pochi minuti era già tutto tirato a lucido e il suo profumo, con il quale aveva decisamente avuto la mano pesante, si diffuse rapidamente in tutta la stanza.

"Mi raccomando però non uscire!" Mi disse, con le mani sulla maniglia della porta. "Rimani qui e chiuditi dentro. Io ho la mia chiave e quando sarai stanco, mettiti pure a letto. Ti sveglierò io domattina quando sarà il momento, intesi?".

"Va bene!" risposi.

Appena solo, la prima cosa che feci, fu precipitarmi verso il frigorifero, non ci vedevo più dalla fame: mangiai due banane, una grossa arancia, un paio di kiwi e poi assaggiai un frutto che non avevo mai visto prima, ma lo gettai nel cestino perché proprio non mi piaceva (si trattava di un avocado).

Poi, con lo stomaco che finalmente se ne stava in silenzio, cominciai ad armeggiare con il telecomando della TV e rimasi per un po' a guardarla, nonostante tutti i canali parlassero cinese, perché era la prima volta che vedevo uno schermo a colori!

Mi sembrava di essere in un altro pianeta!

"Darò un'ultima occhiata alla città dalla vetrata prima di mettermi a dormire!" mi dissi, aprendo la grande tenda che nel frattempo era stata socchiusa.

Volevo fissare nella mia memoria ogni particolare di quella città, con tutte le sue luci, i palazzi imponenti, le strade piene di gente... non so per quanto tempo me ne rimasi lì imbambolato, poi, preso dalla stanchezza, mi decisi a mettermi a letto.

Non presi sonno immediatamente, troppe emozioni avevo vissuto, troppe cose nuove e meravigliose avevo visto quel giorno! Con la mente le ripassai tutte.

Pensai anche a come stava cambiando la mia vita rispetto a quanto stavo male non molto tempo prima e mi ritornò alla mente anche quel mio strano incontro avvenuto con il Kope... ciò che mi aveva detto si stava effettivamente verificando: cominciavo ad uscire dal periodo più buio della mia vita e stavo raggiungendo i miei genitori dall'altra parte del mondo! 10 luglio 1972... quella data iniziava davvero a preoccuparmi, chissà cosa sarebbe accaduto in quel giorno!

Mi addormentai con quel dubbio nella mente, che si faceva via via sempre più angosciante.

All'improvviso, degli energici colpi alla porta mi svegliarono di soprassalto, mi sembrava di avere appena socchiuso gli occhi ma guardando l'ora mi accorsi che erano quasi le sette del mattino.

"TOC TOC " Altri colpi...

Il letto del Guidi era ancora intatto e vuoto.

"Ma non aveva la chiave?" dissi tra me e me, mentre mi sbrigavo ad aprire la porta, ma non si trattava affatto del Guidi.

"Mister Albarello?" mi disse un tipo in livrea da hotel, accompagnato da altri due, in divisa da poliziotto.

Io rimasi paralizzato, cosa era successo e cosa volevano da me?! Riuscii solamente a balbettare con un filo di voce un "Si sono io... ".

I tre a quel punto entrarono nella stanza mentre io mi sentivo morire dal terrore. Fu anche una vera faticaccia poi capirci qualcosa, ma grazie a qualche parola in inglese che conoscevo io e a qualche parola d'italiano di cui era a conoscenza l'inserviente dell'hotel, riuscirono a spiegarmi che il mio connazionale non avrebbe potuto proseguire il viaggio con me quel giorno, perché trattenuto dalla polizia locale per... degli accertamenti...

"Degli accertamenti?? E io cosa faccio!?" chiesi preoccupato, con gli occhi dei due poliziotti puntati addosso a fissarmi come se fossi stato una qualche specie di animale in estinzione.

"No, no niente paula tu." rispose il ragazzo tranquillizzandomi. "Tu plepalale bagagli. Noi poltale te in aelopolto pel tuo volo. Signol Guidi allivale poi, quando tutto essele chiarito con polizia!"

"OK" risposi a quel punto un po' rasserenato "... ma il Signor Guidi? Gli è successo qualcosa di grave?" provai timidamente a chiedere.

"Lui potele paltile quando pagato soldi perché pleso multa pel essele andato con... signolina minolenne" .

Fu come se mi avesse dato una mazzata in testa.

Mai avrei pensato una cosa simile! Ero ingenuamente convinto che fosse uscito per farsi una passeggiata, o al limite una bella bevuta senza farsi vedere da me, ma quello no... non lo avrei mai pensato capace di una cosa cosi!...

A quel punto i tre lasciarono la stanza senza fornirmi altre spiegazioni e a me non rimase altro che prepararmi.

Alle sette e trenta, mentre ansioso e preoccupato me ne stavo seduto sul letto con la valigia pronta in mano, bussarono ancora alla porta, io mi affrettai ad aprire, sperando magari che fosse il Guidi, invece, con mia grande delusione, realizzai che si trattava ancora di quell'inserviente che con un ampio gesto della mano mi faceva cenno di seguirlo. Mi accompagnò personalmente fino all'uscita, dove ad attendermi c'era un'auto privata.

"Tu ola andale aelopolto, autista polta te fin sopla aeleo. Non pleoccupale. Glazie pel tua visita e spelo vedele te in altla migliole occasione!".

"Molte grazie!" gli risposi, allungandogli la mano in un saluto poi chiuse la portiera dell'aiuto e il mio viaggio proseguì.

Come mi era stato detto, l'autista mi accompagnò fino all'aereo che, dopo qualche ora di volo, finalmente mi portò nell'isola di Formosa.

Ero così stanco e provato e come se non bastasse, ero completamente solo in mezzo ad un mare di gente sconosciuta, senza sapere dove andare, questa situazione mi stava facendo diventare pazzo! Non so davvero come feci a mantenere la calma, mi limitai a seguire la folla... mi sembrava quasi di essere in uno di quei cortei funebri in cui si cammina mestamente uno vicino all'altro tutti verso la stessa direzione, in religioso silenzio.

Arrivai in una grande sala in cui delle persone in divisa facevano i doverosi controlli doganali, da lì in avanti, quella mesta colonna di gente, si trasformò in una massa caotica di persone che andava in tutte le direzioni come delle formiche impazzite messe improvvisamente in allarme.

Io me ne rimasi lì fermo per un po', non sapevo proprio cosa fare né tanto meno che direzione prendere, continuavo a girare la testa da una parte e l'altra nel tentativo vedere qualche viso familiare fino a quando poi, all'improvviso, ecco che i miei occhi si commossero fino alle lacrime, nel momento in cui scorsi tra la folla la rassicurante figura di papà che si stava sbracciando per farsi notare da me.

Era fatta! Il mio corpo, che un attimo prima era fermo come un giocattolo con le batterie scariche, di colpo ricevette una sferzata d'energia. Tutta la stanchezza magicamente sparì in un baleno e con una rapida corsa raggiunsi mio papà e lo abbracciai stretto stretto.

"Finalmente!" disse lui con un sospiro mentre io non riuscivo nemmeno ad aprire bocca per l'emozione.

"Mi dispiace..." mi disse, sciogliendosi dal mio abbraccio per guardarmi bene negli occhi. "Il tuo viaggio doveva essere qualcosa di memorabile ma invece... prima la sosta non prevista a Hong Kong, poi la disavventura del Guidi..."

"Ma come, tu lo sai già?"

"Si sì..." rispose "La polizia locale ha preso contatti con la nostra direzione per informarci... è una brava persona, nessuno di noi al cantiere crede alle accuse mosse contro di lui, vedrai che presto sarà rilasciato con tutte le scuse del caso!"

In effetti, nei giorni seguenti venni a sapere dal mio papà che la verità (come spesso succede) stava nel mezzo. Il Signor Guidi quella sera era uscito per farsi una bevuta in un locale vicino all'hotel e poi, tornando indietro, è stato avvicinato da una ragazza che si era proposta e senza minimamente sospettare che questa fosse minorenne aveva accettato la sua compagnia appartandosi con lei.

Purtroppo una ronda della polizia lo fermò e lo trattenne rilasciandolo solo dopo tre giorni dietro a una cospicua cauzione.

"Coraggio, andiamo su!" disse mio padre, prendendo in mano la mia valigia "Il tuo volo è terminato, ma non il tuo viaggio. Fuori c'è un taxi che ci aspetta e che ci porterà a Tachien dove si trova il nostro villaggio".

"E quanto ci vuole per arrivare?" gli chiesi.

"Ehhh, ci sono quasi quattro ore di strada. Dai muoviamoci che siamo in ritardo e la tua mamma è impaziente di riabbracciarti!".

Arrivammo al villaggio la sera del 19 ottobre, con quasi un giorno di ritardo rispetto ai programmi, dopo un' estenuante corsa in taxi su per una stretta strada di montagna con un'infinità di curve e tornanti.

Stava ormai facendo buio quando mio padre pronunciò le due parole che non vedevo l'ora di sentire da diverse ore: " CI SIAMO".

"Ci siamo? Io non vedo nient'altro che foresta e montagna..." dissi tra me e me, mentre all'improvviso il taxi rallentò per imboccare, dopo l'ennesima curva, un breve tratto di strada laterale che terminava con una strettoia illuminata dalle prime deboli luci artificiali di un posto di controllo, bloccato da una sbarra abbassata. L'auto si arrestò, mio papà scese e immediatamente si avvicinarono a lui, con passo deciso, due persone cinesi con un elmetto giallo in testa.

I due cinesi parlavano in inglese, ma capii che si stavano scusando con mio papà per non averlo riconosciuto, infatti dopo un amichevole scambio di parole, si affrettarono ad alzare la sbarra per consentire al nostro taxi di proseguire oltre.

"Quello che ci siamo lasciati alle spalle era un posto di blocco. Ora siamo dentro il villaggio. Sai, queste misure di sicurezza si sono rese necessarie per impedire l'accesso agli estranei dopo che nel villaggio si sono verificate delle intrusioni con furti!" mi spiegò il papà.

Lentamente il taxi proseguì la sua corsa, superammo una ripida salita, con il motore che sembrava non farcela più e poi, finalmente... ecco il villaggio! Beh... villaggio... per quel poco che riuscivo a vedere quello, mi sembrava più che altro una misera baraccopoli!

"Non ti preoccupare..." disse prontamente il papà come se mi avesse letto nel pensiero. "Questo posto alla prima occhiata non fa una buona impressione, me ne rendo conto, soprattutto ora che è buio, ma vedrai che domani, alla luce del sole tutto ti sembrerà migliore, ne sono assolutamente certo! Anche tua mamma ci è rimasta male subito, ma non ci ha messo molto ad ambientarsi!".

Arrivato ad una piazzola, il taxi si fermò ed io scesi velocemente per sgranchirmi le gambe indolenzite dopo la corsa non proprio confortevole. Mentre il papà parlava con l'autista, io cominciai a guardarmi attorno.

Si vedeva gran poco, a causa della scarsa illuminazione, riuscivo a vedere soltanto delle lunghe baracche illuminate da qualche lampione.

"Andiamo!" mi disse il papà distogliendomi dal mio indagare.

In giro non c'era quasi nessuno, solo qualche cinese che ogni tanto usciva da una baracca per poi rientrarvici.

La serata era calma, nel cielo si vedevano le stelle e nell'aria c'era un odore forte e penetrante che non potrò mai scordare.

Camminammo per circa duecento metri tra un filare di baracche in lamiera e l'altro, il papà m'indicò dove si trovava la mensa degli operai, la sala relax dotata di due biliardi, dei calcetti, tavoli da ping pong, tavoli per giocare a carte e un bel bar... mi mostrò poi una grande baracca dove risiedevano degli italiani senza la loro famiglia e poi mi condusse più avanti, nella zona riservata alle famiglie dei vari capi. Anche lì l'illuminazione era scarsa, le abitazioni però erano completamente diverse dalle baracche che avevo visto fino a quel momento: queste erano infatti delle graziose casette di legno prefabbricate una in fila all'altra. Erano sei in totale e tra tutte ne spiccava una in particolare, una bella villetta singola con addirittura un giardinetto privato davanti!

"Quella è la casa del Corsini, il capo cantiere." mi disse il papà indicando proprio quella casa. "Ha un figlio, Denny, di quattordici anni che è grande amico di tuo fratello. È un bravo ragazzo, sono certo che assieme vi divertirete un sacco!... E qui invece è dove abitiamo noi..." concluse, fermandosi davanti ad una bifamiliare. "Che strano però... le luci sono tutte spente, siamo sì in ritardo, ma non è ancora notte fonda, che siano già andati a dormire? Beh, intanto entra tu per primo, così mi apri la porta che io ho le mani occupate con la valigia!"

Lentamente spalancai la porta per permettere al papà di passare con l'ingombrante bagaglio, era tutto buio, non vedevo niente quando ad un tratto...

"EVVIVA!!!!" sentii urlare nella stanza, improvvisamente illuminata a giorno.

In un attimo mi ritrovai avvinghiato da uno stretto abbraccio dalla mamma che commossa riuscì solo a balbettare: "Finalmente! Ben arrivato!"

"E tanti auguri!!" rimarcarono mio fratello e mia sorella che armeggiavano dietro ad una tavola con nel suo mezzo una grande torta .

"Ma... ci stavate aspettando al buio?" chiesi.

"Già!" disse la mamma "... siete in ritardo... tuo fratello è rimasto fuori fino ad ora per aspettarti, aveva il compito di avvisarci appena avrebbe visto il taxi in modo da farti questa sorpresa!"

"Beh grazie a tutti!" risposi.

"Ma fatti guardare bene..." disse la mamma "...Quanto sei dimagrito?! Adesso ci penso io a farti ritornare in forma, vedrai!!"

Quelle parole furono come musica per le mie orecchie, infatti non vedevo l'ora di deliziarmi con i manicaretti della mamma, non ne potevo più della cucina della zia Gina che, nonostante tutto l'impegno messo per accontentare il mio palato non era mai riuscita a preparare nulla di davvero buono... la mamma è sempre la mamma! ... la mia poi... niente e nessuno riusciva a stargli davanti nell'arte culinaria (almeno secondo il mio giudizio).

Quella fu una delle più belle serate della mia vita, finalmente ero coccolato e riempito di attenzioni dalla mia famiglia, Dio sa quanto lo quanto l'avevo sognato!

"Adesso basta però!!" disse a un certo punto la mamma. "Siamo tutti molto stanchi e provati. Tutti a nanna!!!".

Il mio fratellino mi prese per mano e mi accompagnò alla camera da letto.

"Noi dormiamo qui!" disse, mostrandomi un lettone matrimoniale.

Subito ci infilammo sotto le coperte ma dovetti comunque sorbirmi per un bel po' le sue chiacchiere, talmente era elettrizzato per il mio arrivo.

In pochi minuti mi raccontò un sacco di cose sulla bellezza di quel posto e non vedeva l'ora che arrivasse il mattino seguente per mostrarmele di persona e per presentarmi agli amici.

Quando chiuse la bocca per prendere sonno potei finalmente godermi un po' di silenzio e fu proprio allora che feci caso ad uno strano incessante rumore, come un cupo fruscio.

Me ne rimasi per un po' in silenzio anch'io, per cercare di capire cosa fosse.

"Cos'è questo rumore?" gli chiesi a un certo punto, avendo scartato tutte le mie ipotesi.

"Quale rumore?" mi rispose. "... Ahhh questo... è la voce del Pitan Creek!".

"Pitan Creek... chi è!?"

"Cos'è vorrai dire... Tu sicuramente non l'hai visto con il buio, ma a una decina di metri dalla casa, scorre un bel torrente. Pitan Creek è il suo nome! Ti ci abituerai, vedrai. Io non la sento nemmeno più!".

Rimasi in ascolto di quello che alle mie orecchie suonava come una rilassante musica, speravo di non abituarmi mai a essa perché desideravo continuare a sentirla e in effetti è stata per me una dolce colonna sonora, durata fino al mio ultimo giorno di permanenza in quei luoghi.

Fu proprio ascoltando lo scorrere dell'acqua che mi addormentai, il risveglio, però non fu altrettanto dolce poiché un energico bussare alla finestra mi fece saltare giù dal letto.

Mio fratello scattò in piedi e in un attimo si precipitò ad alzare la tapparella.

"È Denny!!" disse e subito, in fretta e furia cominciò a vestirsi, esortandomi a fare lo stesso. Poi, corse di sotto strattonandomi per un braccio e senza nemmeno fare colazione uscimmo da questo Denny.

Era poco più alto di mio fratello, piuttosto magro, castano e aveva delle lentiggini sul naso che lo rendevano simpatico a prima vista.

Indossava un paio di jeans con le zampe ad elefante che erano sì di gran moda in quel periodo ma a me personalmente facevano ridere e mai avrei avuto il coraggio di indossarle.

Come mi aveva anticipato il papà, ebbi subito l'impressione che si trattasse di un bravo ragazzo, impressione che confermai poi con il tempo, approfondendo la sua conoscenza.

Era simpatico e alla buona, non ha mai fatto pesare a nessuno il fatto di essere il figlio del capo cantiere.

"GASP!" disse lui "Finalmente ti conosco. Tuo fratello mi ha parlato così tanto di te! ... ha una venerazione nei tuoi confronti... non vedevo l'ora di conoscerti di persona!"

Quelle parole furono una vera rivelazione per me perché fino a quel momento non avevo mai avuto l'idea di poter rappresentare per lui il fratellone esemplare da idolatrare!

Mio fratello, per stemperare l'imbarazzo, cominciò a spiegarmi che Denny era un appassionato di fumetti, in particolar modo di Paperino e che per questo ogni tanto gli scappava qualche esclamazione del tipo: " GULP, GASP, QUAK" e così via...

"Ragazzi... su, rientrate per la colazione che si fredda altrimenti!" ci disse la mamma.

"Ok, ci vediamo più tardi, vado anch'io!" disse Denny allontanandosi.

Solo più tardi, dopo le raccomandazioni della mamma sui mille pericoli su cui ci saremmo potuti imbattere, uscimmo di nuovo.

Era la prima volta che osservavo quei luoghi alla luce del sole e ne rimasi a dir poco estasiato.

Io non lo so di certo come possa essere il paradiso, credo che nell'immaginario sia diverso per ognuno di noi, ma per me, che già allora amavo la natura, quel posto era quanto gli si poteva avvicinare di più!

Mi fermai sul viottolo in salita che portava alla casa, per guardarmi un po' attorno: giù, di fronte a me si estendeva il villaggio (che alla luce del sole sembrava addirittura carino, contrariamente alla brutta impressione avuta la sera prima), alla mia destra, il Pitan Creek percorreva tutta la piccola valle per poi sparire oltre e tutto intorno a me, ovunque il mio sguardo si andasse a posare, non c'era altro che vegetazione colorata con innumerevoli tonalità di verde, (che io amo molto) tipiche delle foreste tropicali.

"Andiamo, ti sei imbambolato?" mi disse mio fratello scuotendomi.

Non sapevo ancora dove stessimo andando, ma non m'importava, talmente felice ero di essere li!

Dopo pochi passi, ci raggiunse un altro ragazzo: Alex, un tipo alto più o meno come me, con i capelli color rame e leggermente ricci.

"Ben arrivato tra di noi! Devi essere Mauro!... avevamo proprio bisogno di facce nuove nella compagnia... cominciavamo ad annoiarci alquanto!" mi disse, mentre io cercavo di capire se mi fosse simpatico o meno.

"Alex ha la tua età." mi disse mio fratello, spiegandomi poi che lui abitava a un paio di chilometri dal villaggio, vicino al luogo dove stavano costruendo la diga. La sua famiglia era stata una delle prime ad arrivare e siccome le residenze al villaggio non erano ancora pronte, avevano avuto quella sistemazione temporanea, con la promessa però di un loro trasloco alla prima occasione.

Ora io non lo so il perché questo non fosse ancora avvenuto, fatto sta che erano ancora in trepida attesa e non vedevano l'ora di venire ad abitare al villaggio con noi.

Subito dopo arrivò anche Denny e quello fu il preciso istante in cui si venne a formare un quartetto d'inseparabili compagni di avventure.

Assieme ne abbiamo combinate veramente di tutti i colori... e meno male (almeno per i nostri genitori) che c'era anche una specie di scuola a tenerci occupati almeno per una mezza giornata, altrimenti chi ci avrebbe fermato?!

Già, proprio una scuola, perché dall'altra parte del torrente, dove avevano creato una spianata, a fianco di un rettangolo recintato e cementato che fungeva da campo da tennis, pallacanestro e campetto da calcio, c'era questa grande baracca adibita a scuola, che nelle giornate di festa, diventava anche una Chiesa, gestita da un prete-professore.

Ci faceva lezione sempre assieme, benché avessimo età diverse.

Anche Alex ed io nonostante avessimo già conseguito il diploma di terza media, dovevamo frequentare le lezioni perché questo ci avrebbe preparato ad un eventuale ingresso alla scuola superiore una volta rientrati in Italia... almeno questo era ciò che ci dicevano i nostri genitori! Ora, questa cosa di dover frequentare delle lezioni extra era senza dubbio ben accetta dall'amico Alex che, intelligente com'era, aveva già aveva programmato un futuro come ingegnere spaziale, ma io, che di studiare proprio non ne volevo saperne, la consideravo solamente uno spreco di tempo. D'altro canto però, se gli altri amici andavano tutti alle lezioni, io non potevo certo restarmene da solo, stavo ancora lottando per lasciarmi alle spalle quel brutto periodo della mia vita in cui rifiutavo ogni compagnia, non avevo altra scelta che unirmi a loro.

Povero Don Carlo!!!! Quando ci vedeva arrivare si metteva le mani alla testa e si raccomandava al buon Dio! Era già sempre molto triste per conto suo per il fatto che i suoi superiori lo avevano relegato in quello sperduto angolo del mondo e poi, come se ciò non bastasse, si ritrovò anche a dover gestire un gruppetto di ragazzi scatenati come noi...

Ehhh sì, ne abbiamo combinate davvero tante noi quattro, a volte anche rischiando la vita da veri incoscienti!

Credo che se ci fosse un modo per certificare tutte le volte in cui i nostri genitori si videro costretti a punirci, sono certo che batteremmo tutti i record mondiali, ma tutte le punizioni del mondo non ci fermarono affatto, anzi per noi non erano altro che uno sprono per compiere gesta sempre più strepitose! In fin dei conti... cosa potevano fare quattro giovani ragazzi immersi nella natura selvaggia della foresta tropicale, piena di luoghi da perlustrare in cui sembrava non aver aver messo piede nessuno prima di noi? Dovevamo forse starcene chiusi tra le sicure mura domestiche, coccolati dalle amorevoli cure genitoriali?!... no... noi dovevamo esplorare, vivere l'avventura, neanche con le catene sarebbero riusciti a trattenerci!

I genitori poveretti (ora me ne rendo conto) ce la misero davvero tutta per tenerci lontano dai pericoli, cercavano di proporci dei programmi interessanti come ad esempio delle gite di gruppo da fare in giornata che avevano la doppia funzione di tenerci occupati e poi, soprattutto, di allontanarci per qualche ora dalle abitazioni nelle quali spesso e volentieri si potevano trovare dei serpenti velenosi attratti dall'odore del cibo. Già... i serpenti! Di tanto in tanto le famiglie erano costrette a rastrellare con cura tutta la casa per tentare di stanare quelle bestiacce ed evitare di ritrovarseli addirittura nei letti.

Per noi ragazzi però, quello dei rastrellamenti non era affatto un onere gravoso, anzi: era il nostro passatempo preferito e questo non solo per l'indubbio piacere che ci dava cacciare i serpenti, ma anche perché poi ne avevamo un riscontro economico nel momento in cui li portavamo ai cinesi del villaggio. Questi si fregavano le mani quando ci vedevano arrivare con un sacco perché per loro i serpenti sono una leccornia, infatti ci ringraziavano a non finire e ci davano pure in cambio delle monete locali.

Solo in un'occasione si rifiutarono di accettare un serpentello che avevamo catturato infilandolo in una bottiglia.

"No no, no!" ci dissero spaventati a morte.

In seguito poi, riuscimmo a capire perché tanto riserbo: si trattava nientemeno che di un cobra Taiwanese, molto velenoso! E noi lo avevamo catturato a mani nude con una bottiglia!... se ci penso adesso, mi vengono i brividi, per fortuna la sua cattura non ebbe conseguenze drammatiche ma dopotutto devo ammettere che eravamo davvero abili! Ne volevamo prendere quanti più potevamo perché con le monete che i cinesi ci davano in cambio, facevamo scorta di un'altra nostra grossa passione: I PETARDI.

A quei tempi i cinesi erano dei veri maestri nell'arte della polvere pirica e per loro creare spettacoli di fuochi d'artificio era quasi uno sport nazionale... non era certo cosa difficile procurarci il necessario per combinare altri guai!

Ci piaceva, in particolare, aprire i singoli petardi per raccogliere la polvere e costruire delle rudimentali bombette, con le quali riuscivamo perfino a squarciare dei grossi alberi.

Alex più di tutti aveva una vera e propria mania per la polvere pirica con la quale progettava dei mini razzi. La sua grande passione infatti era il cielo, con le sue stelle e i suoi pianeti, ed era ossessionato dall'idea di trovare un modo per arrivarci, un giorno. Aveva un'infinità di riviste sul tema e sotto le sue direttive passavamo intere giornate ad aiutarlo a costruire i suoi prototipi che, con il passare del tempo divenivano sempre più potenti e precisi nella rotta fino ad arrivare a salire addirittura per una cinquantina di metri. Era così grande la soddisfazione nel perfezionarli di volta in volta sempre più che non ci rendevamo minimamente conto che stavamo letteralmente giocando con il fuoco.

Il fuoco... fu proprio questo il motivo per cui fummo costretti a non proseguire oltre con i nostri lanci. Successe infatti che un giorno uno dei nostri razzi, l'ultimo, finì la sua corsa tra la secca vegetazione dietro alla baracca della mensa, sviluppando un principio d'incendio. L'A.D.M.S dodicesimo (le nostre iniziali e il numero progressivo), come dimenticare il suo acronimo... per nostra immensa fortuna, l'incendio fu subito notato e spento da dei cinesi.

"Mi dispiace ragazzi, credo proprio che l'agenzia spaziale debba chiudere i battenti..." disse sommessamente Alex in quell'occasione "...ma non è finita qui, prima o poi arriverò lassù ve lo garantisco!" concluse, con lo sguardo rivolto al cielo.

I nostri genitori ci misero tutti in punizione dopo quell'episodio, per questo ce ne restammo tutti tranquilli a casa per un bel periodo, dando loro il tempo necessario per sbollire dalla rabbia.

Sembravamo diventati all'improvviso proprio dei bravi ragazzi infatti passavamo le giornate con la famiglia, accettando persino di buon grado di andare a far visita ai vari templi e alle Pagode sparse un po' ovunque nell'isola.

Che noia però in confronto alle avventure che eravamo soliti vivere girovagando nella foresta...

Beh, devo ammettere però che infondo fu interessante conoscere l'isola anche sotto quell'aspetto.

Una gita in particolare, mi è rimasta ben impressa in mente. Era una domenica mattina e la destinazione programmata era la capitale: Taipei.

Io e la mia famiglia stavamo facendo una tranquilla passeggiata turistica nel centro città, quando ci ritrovammo in un mercato, situato in una grande via chiusa al traffico.

C'era un'infinità di banchetti con una marea di gente che contrattava ad alta voce la mercanzia esposta, che non era affatto come dalle nostre parti... lì da loro infatti non si vendevano mucche, maiali o conigli bensì serpenti, scimmie e cani... e non certo come animali da compagnia!

"Ma!!" chiesi incredulo al papà "... non dirmi che si possono mangiare anche le scimmie oltre ai serpenti!?"

"Già" rispose lui "Per quanto riguarda le scimmie poi, la specialità è il loro cervello e i cinesi se lo mangiano crudo con la scimmia ancora viva!".

"Ma va, mi prendi in giro..." dissi disgustato.

"No, no, è la pura verità te lo assicuro! L'ho visto fare io personalmente in un ristorante proprio qui vicino!... Prendono la povera bestiola e le bloccano la testa in un tavolo rotondo che si apre a metà e che ha un foro nel suo centro. Una volta rinchiuso il tavolo con la testa della scimmia bloccata, al cliente viene fornito un bisturi con il quale incide il cranio dell'animale e poi, una volta aperto come il guscio di una grossa noce, con un cucchiaio ne mangia il contenuto... il tutto mentre la povera scimmia si dimena senza scampo!".

"Non ci credo!" gli ribattei.

"Ti assicuro che è tutto vero e dicono che è anche una vera prelibatezza! È una pratica ben fondata nella tradizione culinaria cinese, per fortuna la stanno abolendo almeno nei ristoranti..."

La nostra passeggiata proseguì in mezzo a quello che a me sembrava più un mattatoio che un mercato, tra serpenti e altri animali scuoiati vivi al momento, fino a quando arrivammo a una bancarella con delle gabbiette che contenevano dei cagnolini.

"Non dirmi che anche questi vengono...?" Chiesi rivolgendomi ancora al papà.

"Eh sì. Per i cinesi la carne del cane, è un po' come per noi quella del pollo o del coniglio!".

Proprio in quel momento, mentre mi chiedevo cos'altro di speciale si mangiassero i cinesi, la mia attenzione fu attratta da un guaito che proveniva dal basso. Incuriosito, mi chinai per guardare meglio.

Là a terra, tra le tante gabbiette, ce n'era una in particolare che conteneva un grazioso cucciolo, il quale mi osservava con due occhietti tristi tristi. Era lui che emetteva quel verso straziante.

Mi avvicinai per accarezzarlo e subito mi raggiunsero anche mio fratello e mia sorella.

Era cosi dolce e carino, sembrava non aver mai ricevuto una sola carezza prima di allora.

Io e i miei fratelli ci scambiamo uno sguardo d'intesa e all'unisono, come se ci fossimo messi d'accordo, ci rivolgemmo al papà implorandolo: "Papà, papà, compraci questo cucciolo. Ti prego non farlo mangiare dai cinesi!"

Nostro papà a quel punto non ebbe scelta, come avrebbe potuto ignorare una simile supplica?

In men che non si dica, fece un cenno alla signora del banco per attirare la sua attenzione e dopo aver indicato la gabbietta in questione, cominciarono a contrattare sul prezzo.

Ad affare concluso la signora prese il nostro cucciolo per una zampa impugnando un coltellaccio con l'altra mano. Stava per tagliargli la gola pensando di fare cosa gradita ma per fortuna mio papà la bloccò giusto in tempo!

"No no, grazie, lo portiamo via così!" le disse. Poi lo prese in braccio e di gran passo ci allontanammo tutti assieme: io, i miei genitori, i miei fratelli e il nostro nuovo membro della famiglia Kiko, così decidemmo di chiamarlo.

Fu davvero una benedizione quell'incontro e non solo per lui ma anche per noi perché da quel momento è sempre stato al nostro fianco come un'ombra, colmando le nostre giornate con tutto il suo affetto, quasi come se avesse voluto ricambiare il fatto di averlo salvato da una certa brutta fine.

Non c'era modo di staccarlo da noi, nemmeno sgridandolo. Ci seguiva ovunque andassimo, anche quando al mattino ci recavamo a scuola ed io mi vedevo costretto a rimproverarlo duramente per farlo restare a casa.... non c'era niente da fare, dopo qualche minuto che c'eravamo accomodati sui banchi, sentivamo grattare la porta dell'aula per farsi aprire.

"Ecco che è arrivato il nostro alunno speciale... almeno lui se ne sta tranquillo ad ascoltare, al contrario di voi! Dovreste prendere esempio!!" diceva sempre il don-prof andandogli ad aprire, ben sapendo che in caso contrario avrebbe continuato a grattare fino alla fine delle lezioni.

Puntualmente Kiko scattava come un fulmine sotto il mio banco e lì rimaneva silenzioso e immobile, fino a che non arrivava l'ora di andare a casa!

In breve tempo quel piccolo cucciolo divenne un bellissimo cane di media taglia tutto bianco, con una sola macchia nera nel sottogola. Noi ragazzi dovevamo stare ben attenti per non farlo cadere nelle grinfie dei cinesi, perché questi al suo passaggio, lo guardavano come se fosse stato un succulento arrosto. Almeno quella era la mia impressione! ...forse Kiko non si staccava mai da noi perché in qualche modo anche lui percepiva questo pericolo, chi lo sa?!

Anche la mamma era molto contenta del suo arrivo in famiglia e non solo perché quel cane ci teneva alquanto occupati, ma anche perché con lui nei paraggi di serpenti non si vedeva più nemmeno l'ombra! Se ne vedevamo ancora qualcuno, era quando Kiko ce lo portava morto davanti alla porta, tutto fiero di mostrarci la sua preda.

Di tanto in tanto poi, quando nel villaggio ci radunavamo per passare una serata in compagnia (ogni scusa era buona, per esempio un compleanno o qualche ricorrenza) Kiko diventava il protagonista della festa, con i suoi salti e il suo abbaiare. Con il suo carattere docile e mite, era amato da tutti e ben presto diventò la mascotte del villaggio.

Il luogo di ritrovo in cui venivano organizzate le nostre feste si trovava appena superata l'ultima abitazione, subito prima dell'inizio della foresta, dove era stato costruito un grande capanno circolare, fatto interamente in mattoni, e poi abilmente ricoperto con legno e canne di bambù per renderlo un tutt'uno con l'ambiente circostante.

Quel capanno lo chiamavamo Green-House (casa verde) proprio perché si mimetizzava perfettamente con il verde della foresta. Davanti poi, c'era uno spiazzo rotondo con tutto intorno dei posti a sedere, fatti con dei massi recuperati nel vicino torrente e al centro di questo cerchio, un grande focolare con griglia dove le signore, a turno, si davano da fare per cucinare le varie specialità tipiche di ogni famiglia.

Quello era in assoluto il luogo d'incontro per eccellenza, dove passare delle allegre serate in compagnia, seduti attorno al fuoco, raccontando storielle e barzellette... e ballando anche, grazie al mangiadischi che Alex prontamente tirava fuori ogni volta... erano davvero dei bei momenti.

La Green-House era per noi ragazzi anche il luogo di ritrovo giornaliero. Lo spiazzo diventava una specie di poligono in cui testare l'efficienza di varie armi costruite con le nostre mani: archi, frecce, cerbottane, lance... solo quando eravamo davvero certi del loro buon funzionamento allora partivamo all'avventura nella foresta.

Indimenticabili rimarranno le nostre escursioni da cacciatori anche se, a parte qualche serpente, non siamo mai stati capaci di prendere nient'altro.

E che dire delle scorribande nella foresta, quando, interpretando Tarzan, ci lanciavamo in inseguimenti attaccati alle liane (facendo anche tanti capitomboli quando queste si spezzavano).

Ma non era sempre tutto gioco e divertimento, specialmente nei periodi di maltempo... le giornate di pioggia in quei luoghi si protraevano anche per un'intera settimana, costringendoci a passare il tempo nella baracca "relax" in cui c'erano i giochi.

Lì rinchiusi immancabilmente si finiva per fare discussioni che talvolta sfociavano anche in rissa, sia con altri italiani, che con cinesi, con persone della nostra età o persone più grandi.

Non c'era mai un motivo preciso, ogni scusa era buona per dare sfogo alla rabbia repressa. Noi ragazzi eravamo nervosi perché costretti dal maltempo a restarcene là dentro, gli operai invece erano stressati per i faticosi turni alla diga e pretendevano di avere la precedenza sui tavoli da ping-pong, i calcetti e i biliardi.

Un pomeriggio in particolare successe un gran casino. Noi ragazzi, stanchi di aspettare che si liberasse un biliardo, andammo a occuparne uno nell'altro lato della grande sala, dove di solito si radunavano in disparte i cinesi. Noi lo sapevamo bene che quella era la loro zona, ma poiché c'era un biliardo libero, senza minimamente preoccuparci delle conseguenze, ci precipitammo ad occuparlo.

Non lo avessimo mai fatto! In un attimo ci ritrovammo circondati da quattro cinesi che urlando facevano cenno di andarcene.

Io, Alex e mio fratello, brontolando lasciammo cadere immediatamente le stecche sul biliardo e ci stavamo per allontanare quando Denny, però ci bloccò.

"Fermi, dannazione, dove state andando?!"

Noi tre lo guardammo attoniti mentre lui continuò: "Non vorrete per caso darla vinta ai cinesi?! Questo posto è di tutti e noi abbiamo il diritto di occuparlo quanto loro! Tornate ai vostri posti e finiamo la partita. Poi ce ne andremo!"

I cinesi però non ci diedero il tempo di riprendere possesso delle stecche, perché in un attimo le avevano già in mano loro agitandole minacciosamente contro di noi, gesto che non passò inosservato ad alcuni operai italiani che non aspettavano altro per iniziare una bella rissa.

"Amici, tutti addosso a quei razzisti cinesi!!!" urlarono, lanciandosi come tori infuriati contro di essi.

La nostra innocente pretesa di poter finire una partita al biliardo, che bisogna riconoscere solitamente occupavano i cinesi, fu come l'aver acceso un fiammifero in una polveriera. In men che non si dica volarono stecche e biglie da tutte le parti e a quel punto noi quattro piuttosto spaventati, ce la svignammo giusto in tempo, senza neanche un livido.

"Questa sera racconto tutto a mio padre!" disse Denny appena ci ritrovammo all'aperto "Lui è il capocantiere e sono sicuro che non ci penserà un attimo a punire con un'ammenda quei prepotenti!".

Questa volta però Denny sbagliò di grosso la sua previsione, perché non dovemmo aspettare la sera per conoscere gli sviluppi della vicenda. Infatti, mentre noi eravamo già a casa, convinti che la rissa si fosse esaurita, nella sala giochi invece se le stavano ancora dando di santa ragione, fino a quando un giovane operaio italiano non perse il lume della ragione nel momento in cui prese una violenta steccata in testa da un cinese. La reazione fu di tirar fuori dalla tasca un coltello e saltare addosso al responsabile ferendolo ad un fianco.

La vista del sangue di un loro connazionale fu la classica goccia che fece traboccare il vaso e in breve, la rissa degenerò.

Questi corsero a chiedere rinforzi e nel giro di pochi minuti i sei italiani furono costretti a barricarsi dentro la sala, per difendersi da una moltitudine di cinesi che da fuori premevano per entrare.

Quel che successe poi lo vedemmo con i nostri stessi occhi perché, udendo l'inconfondibile suono del motore di un elicottero, tutti ci precipitammo sul posto a vedere cosa fosse successo. Lì trovai anche Denny il quale mi spiegò quello che stava succedendo: i cinesi erano in rivolta perché pretendevano che fosse consegnato loro il colpevole per potersi fare giustizia, così, per evitare che quel poveraccio fosse pestato a sangue, fu chiamato un elicottero che lo conducesse in un posto sicuro.

L'elicottero si rialzò in volo subito dopo con l'italiano a bordo, diretto molto probabilmente alla capitale.

Questo però non segnò la fine della triste vicenda perché a quel punto, i cinesi, vistosi sfuggire di mano proprio all'ultimo la soddisfazione di una personale vendetta, si sfogarono sfasciando tutto quello che capitava loro tra le mani e solo in tarda sera e con l'intervento della polizia riuscirono a convincersi a tornare alle proprie baracche.

Naturalmente nei giorni successivi fu aperta un'inchiesta da parte della direzione sull'accaduto, con il risultato che noi ragazzi avremmo dovuto contribuire alle cospicue spese per riparare e rimettere in sesto la sala giochi.

La sera che mio padre tornò dal lavoro con la notizia che anche la famiglia Albarello era ritenuta responsabile, me la ricorderò per tutta la vita. Era buio, mio padre era stranamente in ritardo, io e mio fratello, avendo già cenato, c'eravamo appena ritirati nella nostra camera, ignari della burrasca che si stava per scatenare.

"Come mai così in ritardo?" sentì dire dalla mamma. Ma non ci fu alcuna risposta dal papà. Udimmo solo il rumore pesante dei suoi passi che si dirigevano verso la nostra stanza. Poco dopo lui aprì la porta e non ci fu bisogno di parole, il suo sguardo rabbioso fu sufficiente. In un attimo si sfilò la cintura dei calzoni e mentre io e mio fratello cercavamo invano di rifugiarci sotto le coperte, scatenò la sua furia su di noi. Per fortuna fu presto interrotto dalla mamma, la quale accorse prontamente implorandolo di smetterla.

"Ma sei impazzito?!! Che ti succede!!!" chiese al papà cercando di trattenerlo.

A quel punto lui sembrò calmarsi un po', ma immediatamente dopo un'altra sferzata mi colpì alla schiena.

"Loro lo sanno che succede!!! Non è vero?" Ci urlò scagliandoci contro la cintura "... è anche colpa loro se alla sala giochi è scoppiato quel finimondo. E ora, come se non bastasse la ramanzina che ho dovuto sorbirmi dai superiori, dovremo anche contribuire alle spese per rimediare ai danni provocati, maledizione! Da adesso in poi, uscirete da questa stanza solo quando ve lo dirò io... INTESI?!" ci urlò mentre lasciava la nostra stanza per dirigersi nella sala, con la mamma che lo seguiva come un cagnolino bastonato.

Quelle sferzate con la cintura dei calzoni erano davvero ben assestate, ogni colpo era andato dolorosamente a segno, ma devo ammettere che mi fece molto più male il fatto di avere deluso in quel modo il papà. Sapevo che eravamo un po' il suo orgoglio, e il fatto che noi avessimo contribuito, seppur in modo involontario, a generare quella rivolta, lo aveva scosso oltremodo. Per almeno dieci giorni non ci rivolse più la parola. Dieci giorni in cui, per non rischiare di inasprire ulteriormente la situazione, io e mio fratello cercammo in tutti i modi di evitarlo, anche cenando appositamente prima del suo rientro, per poi rifugiarci nella nostra camera.

Ci volle ancora un bel po' di tempo affinché quella rabbia sbollisse completamente, poi alla fine, fortunatamente, come sempre succede, tutto passò e dopo un periodo d'isolamento forzato, in cui avevamo il solo permesso di recarci a scuola, ci riunimmo con gli amici e assieme a loro riprendemmo a vivere le nostre avventure tenendoci però ben lontani dalla sala giochi (ci abbiamo messo piede poi sporadicamente e non certo per giocare al biliardo).

Passò qualche mese così, con la pace che ormai era tornata in famiglia e noi che ci comportavamo da bravi figlioli... ma era solo una questione di tempo, infatti le braci che alimentano la spregiudicatezza e l'incoscienza tipica della gioventù, alla fine ripresero vigore facendocene combinare delle altre, come ad esempio quel sabato in cui io e Denny ci ritrovammo da soli...

Alex già da qualche giorno ci aveva avvisato che non sarebbe stato dei nostri nel fine settimana perché doveva andare con la famiglia in città. Mio fratello, invece, era costretto a letto per una brutta influenza. Non era molto felice di dover stare chiuso in casa, infatti aveva tentato diverse volte a sgattaiolare via, senza però sfuggire agli occhi attenti di mamma che puntualmente lo riportava in camera concedendogli solo qualche breve sosta d'aria come fanno i carcerieri con dei pericolosi delinquenti.

L'appuntamento era come il solito alla Green, Denny avrebbe portato dei nuovi album di Paperino appena arrivati dall'Italia, l'idea era di arrampicarci sopra al nostro albero per starcene tranquilli tra qualche chiacchiera e qualche lettura.

Feci molta fatica, quel mattino, a uscire di casa perché il mio fratellino proprio non voleva lasciarmi andare, mi supplicava di rimanere per fargli compagnia, idea che non mi allettava nemmeno un pochino.

Arrivai all'appuntamento con un po' di ritardo e Denny stava già arrampicandosi sul nostro maestoso albero che si trovava all'inizio della foresta e a un centinaio di metri dalla Green-House.

Avevamo tentato, invano, di costruire una specie di casetta-rifugio tra le grandi braccia di quell'albero, ma un po' per la nostra incapacità, un po' anche per mancanza di materiali e mezzi adeguati, riuscimmo semplicemente a costruire una pedana con qualche ramo legato attorno ad uso parapetto. A noi andava comunque bene perché così avevamo un posto in cui isolarci nelle occasioni in cui non ci andava di partecipare alle feste alla Green-House.

Per salire sul nostro albero ci aiutavamo con una grossa corda di canapa che Denny era riuscito a farsi dare dal magazziniere della ditta dopo numerose suppliche.

"Ehilà" mi disse vedendomi arrivare "Sei un po' in ritardo. Orami stavo dubitando che venissi".

"Già, c'è mancato davvero poco!" gli risposi "...è stata una faticaccia sfuggire a mio fratello..." continuai affannato per la fatica mentre m'impegnavo nella salita "...poveretto, non voleva proprio lasciarmi andare!" finii il discorso nel momento in cui lo raggiunsi sulla pedana.

"Mi dispiace molto" disse Denny "Vorrà dire che quando torniamo mi fermerò sotto la vostra finestra per fargli un saluto e magari prestargli qualche fumetto".

"Non so se questa è una buona idea, è capace di rattristarsi ancora di più se ti vede. E chi lo terrebbe più in casa poi?... Glielo dirò io che sei dispiaciuto per lui e che lo saluti molto, d'accordo?".

"Sì, si, va bene. Hai ragione, forse è meglio così. Tieni..." mi disse poi porgendomi un album nuovo di zecca, che ritraeva nella copertina un sorridente Paperino su di un verde prato con i suoi nipotini Qui Quo e Qua.

"Leggilo tu intanto che io finisco quest'altro. Mi raccomando, però stai molto attento a non stropicciarlo!!".

"Tranquillo ... Lo so che tieni molto di più ai tuoi fumetti che a noi amici". Gli risposi, aspettandomi una sua smentita, ma lui invece, serio, abbassò lo sguardo sul giornalino e s'immerse nella lettura.

Evidentemente, avevo colpito nel segno e a me non rimase altro che sfogliare il suo prezioso fumetto con tutte le accortezze del caso.

Passammo circa un paio d'ore così, tranquilli e rilassati, immersi nel silenzio interrotto soltanto dal canto di qualche strano uccello (se ne vedevano veramente di moltissime specie a noi sconosciute) quando a un tratto, sentii delle voci accompagnate da una sonora risata maschile provenienti dalla vicina Green-House.

Denny sembrò non essersi accorto di niente, immerso com'era nella lettura, io posai il giornalino (delicatamente) e lo guardai perché mi sembrava impossibile che non avesse sentito, ma lui, come se niente fosse continuò imperterrito a leggere lanciando ogni tanto una smorfia di sorriso.

"Denny, Denny! " chiamai con voce bassa prendendolo per un braccio

"Ehhh che c'è?" mi chiese come se solo in quel momento fosse tornato nel mondo dei viventi.

"Ci sono delle persone alla Green... Tu non hai sentito niente?".

"Io no" rispose " E se anche fosse?... Sarà qualcuno che è venuto a fare un po' di pulizia o a preparare la legna per un bel B-b-c. Tu lasciali pure fare, che fastidio ci danno?!".

"No... dai, fermo... ma che fai con quelle mani!" disse proprio in quel momento una soave voce femminile.

"Come cosa sto facendo?" gli rispose una voce maschile "Lo sai che quando mi sei vicina, io non ci capisco più niente. E poi non siamo venuti qua per questo!?"

Anche Denny a quel punto, che sembrò essere stato colpito all'improvviso da una folgore, posò il suo giornalino ed entrambi cercammo di capire chi fossero e cosa diavolo stessero facendo quelle persone.

Mi misi in ginocchio con lo sguardo rivolto verso la Green-House, con una mano mi tenevo aggrappato al palo del parapetto e con l'altra cercavo di spostare dei rami impiccioni che proprio non volevano farmi vedere. La mia posizione non mi permetteva, però, di vedere chiaramente come curiosità imponeva, mentre Denny, invece, aveva trovato un pertugio perfetto e si stava godendo al massimo lo spettacolo.

"Dai, Marta, rilassati e chiudi gli occhi se vuoi, a portarti in paradiso ci penso io!".

"La fai facile tu, perché non sei sposato..." gli ribatté lei "... e se viene a saperlo mio marito?! Poverino ha completa fiducia in me, mi piange il cuore a tradirlo. Lo sai che mi dice sempre che sulla mia fedeltà ci metterebbe la mano sul fuoco!?".

"Ma dai, lascialo stare tuo marito..."

"Ehi!!!" mi disse sottovoce Denny "La vedi anche tu quella coppia in amore?".

"Cosa?" gli dissi, avendo solo in quel momento realizzato di cosa si trattava. Cominciai quindi freneticamente a spostare altri rami davanti a me, mentre Denny se la rideva.

"Eh, eh, sei curioso anche tu di vedere come si fa?".

Se ero curioso? Beh, diciamo che in una graduatoria da 1 a 100, la mia curiosità raggiungeva il 110 e lode!

Finalmente raggiunsi una buona visuale e lo spettacolo era a dir poco interessante!

"Dì un po', tu li conosci?!" chiesi a Denny incuriosito.

"Quel tipo lì non lo conosco di persona, ma lei si! E posso garantirti che suo marito non è quello che in questo momento la sta coricando a terra".

Subito mi voltai di nuovo verso la coppia che in effetti se ne stava avvinghiata mentre lui con le mani le aveva già in pratica tolto la gonna.

Io tutto preso da quell'inaspettato spettacolo mi spostai ancora per cercare di inquadrare al meglio la scena ma fu allora che, alquanto incautamente spezzai un ramo, il quale purtroppo mi sfuggì di mano cadendo a terra e facendo un rumore troppo forte per non essere sentito .

"GULP e GASP. Li hai messi in allarme!!" mi rimproverò prontamente Denny. E fu proprio così, perché vidi il tipo che a un tratto si drizzò in piedi come per scattare sull'attenti, staccandosi da lei che in un secondo si era già ricomposta.

Subito dopo si diresse senza indugi verso il nostro albero e guardò in alto verso il punto da cui proveniva quel ramo.

"Voi ragazzi!!! Ma che ci fate e da quanto tempo è che siete la sopra?" ci chiese dopo averci visti nonostante fossimo ben nascosti nella folta chioma.

"Da un bel po'! E voi due invece cosa stavate facendo?!" Gli domandò Denny curioso di sentire che scusa avrebbe avuto il coraggio di snocciolarci.

"Ohhh, beh... niente di particolare. Stavamo solo facendo una... passeggiata!" Rispose, sperando forse di non essere stati colti nel fatto.

"Si" dissi io "... sulla via del paradiso... e avevate talmente paura di perdervi, che camminavate incollati come due fratelli siamesi."

"Sentite!!" Disse a quel punto rassegnato, mentre voltava lo sguardo verso l'amica ammutolita dall'imbarazzo. "Perché non scendete e facciamo quattro chiacchiere da buoni amici!!!".

"Perché amici proprio non lo siamo!" Risposi prontamente.

"...tranquillo..." intervenne Denny " ...se hai paura che andiamo a sbandierare ai quattro venti quello che abbiamo visto, sei fuori strada. Non è vero Mauro?".

"Certo" risposi " Anche perché non vi conosco e non me ne importa assolutamente niente di quello che fate. Anzi se volete continuare con lo spettacolo... fate pure!".

"No no, mi dispiace per voi, lo spettacolo è finito! ...Mi raccomando, contiamo sulla vostra discrezione!" concluse con un aria sollevata e poi mentre si allontanava, facendo in modo che sentisse anche la sua amica, aggiunse: "...da oggi in poi, per voi due, gelato gratis ogni volta che ci vediamo al bar della sala giochi, d'accordo!?".

"WUAOOooo, affare fatto. Potete andare tranquilli!" gli rispondemmo soddisfatti mentre la coppia, con gli istinti ormai assopiti, stava già sparendo dietro alla Green-House.

"Che ne pensi?" gli chiesi "Ora andranno a cercarsi un posticino più tranquillo!?".

"Non credo proprio. Alla signora là, il sangue le deve essere andato in acqua dallo spavento nel momento in cui TU hai fatto cadere quell'accidente di ramo!" disse poi per rimarcare la mia distrazione.

"Si va beh... dai, non avremmo visto lo spettacolo fino alla fine ma almeno ci mangeremo dei bei gelati gratis!" gli risposi non molto convinto però di averci guadagnato nel cambio.

Ce ne tornammo così, con un po' di delusione, alle nostre letture.

Dopo un po', Denny, terminato il suo giornalino, lo ripose nello zainetto e vi ci tirò fuori qualcos'altro...

"Che ne dici Mauro, ce ne facciamo una?"

"Cosa? ... Stai scherzando?!" gli chiesi.

"Per niente! Che cosa vuoi che sia... per una sigaretta... ".

"Ma... io non so. Non l'ho mai fatto prima!" dissi con un tono sommesso, sperando però che Denny insistesse con la sua offerta perché tanta era la mia curiosità di sapere cosa ci fosse di tanto speciale nel tabacco, visto che mio papà fumava ben due pacchetti di sigarette al giorno.

"Dai, dai! Che cosa vuoi che ti faccia qualche tiro! Se poi non ti va la butti...". Continuò Denny con mia piena soddisfazione.

"Ma tu hai già fumato altre volte?" gli chiesi mentre prendevo in mano la prima sigaretta della vita.

"Sì un paio di volte, e ci ha provato anche tuo fratello. Però non siamo ancora mai riusciti a finirne una...".

Portai la sigaretta alla bocca e la accesi.

Eh si... in quel preciso momento, con quel piccolo e insignificante rotolino di carta in bocca, mi sentii veramente un tipo giusto!

Quella sensazione però durò pochissimo perché dopo aver fatto appena un paio di tiri, passai letteralmente dalle stelle alle stalle. In men che non si dica, la mia testa iniziò a girare vorticosamente e fui assalito da un energico colpo di tosse, quindi, piuttosto deluso, gettai la sigaretta sotto lo sguardo divertito di Denny che questa volta, (forse per farsi vedere più "uomo") si fumò la sua per intero.

Feci altri colpi di tosse, per tentare di scacciare via dal mio corpo i residui del fumo.

"Ma che cosa avranno poi di tanto speciale queste sigarette che tutti impazziscono?" mi chiesi, ma questo lo imparai a mie spese dopo qualche anno, quando anch'io, seguendo l'esempio degli 'amici', cominciai a fumare veramente, riuscendo a smettere solo una ventina d'anni più tardi, in occasione del primo compleanno di mia figlia, quando decisi, per il bene di tutti che non le avrei più fatto respirare il mio veleno.

Era quasi giunta l'ora di pranzo e ci stavamo preparando per tornare a casa, io avevo già tra le mani la fune per scendere dall'albero quando Denny mi bloccò trattenendomi per un braccio.

"Fermo!... guarda là!" mi disse puntando il dito sul sentiero che dalla Green-House s'inoltrava nella foresta.

In quel momento stavano venendo verso di noi due cinesi, entrambi con una grossa sacca di tela sulle spalle.

Con passo deciso e silenzioso poco dopo, i due passarono sotto il nostro albero ed io, su indicazione di Denny, me ne rimasi immobile trattenendo anche il respiro per non farci notare.

"Ma che c'è? Perché tutte queste precauzioni?" gli chiesi appena si furono allontanati un po' "...non facciamo nulla di male e qui è di tutti!".

"Non è questo..." rispose "...è che si è improvvisamente accesa una lampadina nel mio cervello."

"Non capisco cosa vuoi dire..." risposi un po' preoccupato, perché ormai lo conoscevo abbastanza per sapere che quando gli veniva in mente un'idea, c'era da aspettarsi di tutto.

"Dai, presto!" mi disse mentre in un baleno scendeva a terra. "MUOVITI" continuò "Non voglio che si allontanino troppo. Li seguiremo in incognito per vedere dove vanno con quei sacchi!"

"Eccomi!" dissi a quel punto approvando in pieno l'idea.

Non ci volle molto per raggiungerli, perché avendo loro un pesante fardello da portare sulle spalle non potevano certo avere un passo rapido quanto il nostro, e in breve tempo ci portammo sulla loro scia.

Non sapevo ancora dove erano diretti né per quale motivo. Però era così eccitante tallonare di nascosto quei cinesi che, con un pizzico di fantasia e la grande fame di avventura, nella mia mente erano già diventati pericolosi fuorilegge che stavano portando in un nascondiglio segreto un'indifesa fanciulla italiana, per chiedere poi un riscatto alla sua famiglia.

I due intanto procedevano tranquillamente, senza accorgersi per niente di noi, ma a certo punto, di colpo, si arrestarono, posando le pesanti sacche a terra e guardandosi attentamente attorno.

Più li osservavo e più mi rendevo conto che, anche se probabilmente non avevano rapito nessuna fanciulla, stavano però combinando qualcosa di losco.

Ne ebbi conferma quando aprirono le sacche da cui estrassero diverse trappole per animali e iniziarono a posizionarle.

"Sono dei cacciatori di frodo! Che facciamo?" chiesi all'amico con un filo di voce, mentre ce ne stavamo ben nascosti tra i cespugli.

"Io un'idea ce l'avrei..." disse Denny "... per il momento ce ne torniamo indietro senza farci vedere e poi oggi pomeriggio, quando saremo sicuri che quei cinesi non ci saranno più, torneremo per vedere se hanno catturato qualcosa. Ti va?"

"Sì, per me va bene!" risposi "... però, quando torneremo, sperando che nessun animale nel frattempo ci sia rimasto intrappolato, le distruggeremo una ad una!" gli dissi, e lo feci con un tono che non ammetteva discussioni.

"Va bene, calmati! Ci sto!" mi rispose quasi incredulo per quella mia presa di posizione.

Li osservammo attentamente, avendo cura di memorizzare la posizione di tutte le loro trappole, poi, lentamente e silenziosi come serpenti ci allontanammo in direzione della Green-House dove ci salutammo, dandoci appuntamento lì nel pomeriggio.

"Ciao, cosa avete fatto di bello stamattina? Cosa mi sono perso?" mi chiese prontamente mio fratello appena mi vide, senza darmi neppure il tempo di entrare in casa.

"Ma... niente di particolare... solite cose..." risposi mentendo.

"Ci siamo annoiati alquanto là sull'albero a leggere i preziosi fumetti di Denny, a proposito... ti manda i suoi saluti!" .

"Allora oggi non vai e rimani qui in casa con me?!!!" chiese implorante.

"Beh no, devo tornare là anche oggi. Ormai ho promesso di fargli compagnia e lo sai che Denny è molto permaloso. Se non vado, quello è capace di piantarmi il muso e di non guardarmi più in faccia per chissà quanto tempo!".

"E al tuo fratellino invece non pensi mai!?" disse mogio mogio mentre si voltava per tornarsene nella nostra stanza.

A quel punto anche un'intenerita mamma, che aveva assistito alla scena, mi rimproverò chiedendomi di rimanere a casa con lui.

Cercai in qualche modo di inventare una giustificazione per poter uscire quel pomeriggio senza farla insospettire, e la convinsi a darmi il permesso di andare, promettendole che sarei rimasto col fratello tutto il giorno seguente.

Subito dopo aver pranzato, non attesi neppure un minuto e anche se con un notevole anticipo sull'orario dell'appuntamento, mi portai velocemente alla Green-House.

Denny, anche lui in anticipo, arrivò poco dopo.

"Allora, sei pronto, 'difensore degli animali'?!".

"Certo!... ma scusa, a te non fa né caldo né freddo l'idea che degli animali indifesi incappino in quelle trappole?" gli chiesi io .

"A dire il vero..." rispose "...Mi dà molto più fastidio il fatto che dei cinesi abbiano invaso il nostro territorio, comunque sia, ti confermo che sarò al tuo fianco!" .

Senza indugi m'incamminai, con Denny che mi seguiva passo passo, per il sentiero ormai noto, solo che dopo un po' mi arrestai.

"... Ma non dovremmo essere già arrivati?" gli chiesi.

"Ancora un po' più avanti!" rispose " Mi sembra di riconoscere quegli arbusti..." .

Denny aveva ragione, infatti mi resi conto di essere davvero arrivato solo quando vidi davanti a me, quasi a bloccarmi il passo, una grande rete appesa tra due alberi.

"Mauro… a te l'onore!" mi disse Denny, porgendomi un coltello svizzero multiuso.

"Grazie!" risposi, per poi scagliarmi come una furia contro quella trappola per uccelli, riducendola in breve a un ammasso di fili ingarbugliati e inutilizzabili. Dopodiché, in preda ad un'euforia incontrollabile, passai in perlustrazione ogni angolo di quella zona per scovarne delle altre.

"Guarda!!" dissi chinandomi a terra, per osservare due gabbiette in rete metallica con l'apertura a scatto. Nel loro interno c'era messo del cibo in carne.

Non avevo idea di quale razza di animali attentassero, ma presi un grosso randello e imitato prontamente da Denny, le prendemmo a bastonate distruggendole.

"Che ne dici?" gli chiesi " Non ti senti meglio anche tu ora?".

"Altroché!" rispose " Ma ce ne sono altre da scovare, andiamo là dietro a quei cespugli." mi disse infine passandomi davanti.

Poco dopo, mentre io più che soddisfatto, avevo ancora lo sguardo su quello che restava delle trappole, sentii come il rumore di una sferzata nell'aria e subito dopo un grido.

Più veloce che potevo, con il cuore in gola mi portai sul posto dove trovai Denny che, appeso a testa in giù m'implorava di liberarlo.

"Per tutti i Paperi dell'universo... che spavento mi sono preso!! Dai muoviti tirami giù, taglia questa maledetta corda!!".

A stento mi trattenni dal farmi una bella risata.

"Sai che non sei per niente male messo così?" gli dissi rimanendo per un attimo lì fermo a osservarlo. "Mi sembri proprio un bel salame stagionato e pronto per essere degustato!! Quanto vorrei avere qui la macchinetta fotografica del papà per immortalare questo momento e poi farlo vedere agli amici!".

"Dai, dai spicciati con quel coltello che comincia ad andarmi il sangue alla testa! E ricordati che quella è la mia caviglia e non uno stinco di maiale da mettere arrosto..." Rimbrottò lui alquanto seccato.

"Sei pronto per un capitombolo?" gli chiesi, con la lama appoggiata alla corda del cappio, tenendo l'altra mano sotto di lui nella speranza di attenuare la sua caduta... Puuummmm... Denny ora giaceva disteso a terra, immobile.

"Come va? Sei ferito?"

"Solo nel mio orgoglio!" rispose, rialzandosi prontamente e prendendo a calci degli innocenti ciuffi d'erba. "Guardiamo bene attorno" continuò poco dopo essersi sfogato "Ce ne possono essere delle altre!" E in effetti ne trovammo altre quattro di quelle trappole sicuramente destinate alle scimmie.

"Ecco fatto!" dissi dopo averle distrutte "Ora non faranno più del male a nessuno".

"Quei balordi dei cinesi" brontolò Denny "Lo sanno che non molto lontano da qui c'è un villaggio, eppure vengono a piazzare queste trappole con il rischio che qualcuno di noi si faccia del male. Che cosa sarebbe successo se fossi stato solo? Caro Mauro da oggi in poi, quella di andare in cerca di trappole sarà la nostra missione!".

"Si certo!" gli risposi "Torneremo! Sarebbe di certo un divertente ed utile passatempo, ma puoi stare tranquillo che questi cinesi non si faranno più vedere da queste parti quando vedranno tutto il loro sporco lavoro andato distrutto, senza avere catturato neppure un serpentello!".

"Se è per questo..." disse lui " ...i serpenti li catturiamo anche noi...".

"Si è vero" gli risposi "Però c'è una grande differenza nel dargli la caccia come facciamo noi, a mani nude affrontandoli di persona e catturarli invece da vigliacchi con delle trappole nascoste come fanno loro!".

"Va beh, va beh..." disse lui non molto convinto di questa mia asserzione. "Ora però andiamo dai... 'paladino degli animali'..."

Paladino degli animali... quella qualifica, che continuò a seguirmi per parecchio tempo, non era affatto un'offesa per me, andavo fiero di quanto fatto quel pomeriggio!

Tornammo anche i giorni seguenti alla ricerca di altre trappole, per un bel periodo, ma come avevo previsto, i cinesi dopo quell'episodio, si tennero ben alla larga da quella zona.

Passarono alcuni giorni e il quartetto tornò di nuovo unito.

Alex e mio fratello, una volta venuti a conoscenza di tutto ciò che era successo, si rammaricarono moltissimo per non essere stati presenti e non tanto per l'inatteso spettacolino con il quale ci omaggiarono la coppia alla Green-House quanto perché si erano persi l'occasione di vedere Denny appeso a testa in giù.

Quello era un pomeriggio caldo e afoso, troppo anche per noi, che ce ne stavamo spaparanzati all'ombra sulla pedana del nostro albero.

Nessuno di noi aveva voglia di fare niente, se non restarsene a oziare leggendo qualche rivista e mangiando di tanto in tanto qualche banana presa direttamente da un casco e non di certo acquistata al supermercato.

"Mi piacerebbe tanto farmi un bel bagno!" disse a un cero punto mio fratello "Che ne dite se andiamo giù al torrente a rinfrescarci?!"

"Per me va bene!" risposi entusiasta.

Anche Alex e Denny approvarono.

"Io mi farei molto volentieri un vero e proprio bagno, magari con nuotata". Continuò mio fratello.

"Eh davvero magari! Mi farei anch'io una bella nuotata..." gli risposi "Ma nel torrente questo è impossibile, è troppo pericoloso, al massimo possiamo rinfrescarci spruzzandoci l'acqua".

"Già questo è vero, nel torrente è impossibile ma..."

"Hai hai, ragazzi" dissi io interrompendo Denny "Al nostro amico qui si è appena accesa una lampadina... O mi sbaglio?" chiesi rivolgendomi a lui .

"Non sbagli caro Mauro. Sapete dove possiamo farci un vero e proprio bagno?" continuò.

"Nooo..." rispose Alex "Forse nella vasca a casa tua?"

"No!!" ribatté Denny "In quella di casa mia no... ma in quella dell'acquedotto che c'è sulla collinetta dietro alla scuola siiiii...!".

"Accidenti!!" esclamammo in coro "Ma sei impazzito?!".

"Dai, coraggio! Venite!" disse lui con tono deciso.

Seguimmo Denny che, eccitato come non mai, correva veloce verso la scuola. Per arrivare prima non tornammo indietro fino al villaggio, dove c'era un pontile che attraversava il torrente e conduceva alla scuola, decidemmo invece di guadare il torrente saltellando come dei veri equilibristi su dei grossi massi scivolosi.

Poi altrettanto velocemente su per la collinetta arrivando così in brevissimo tempo alla grande cisterna dell'acquedotto.

"Andiamo a vedere!" disse Denny salendo su per la scaletta esterna della cisterna che era davvero grande! Avrà avuto un diametro di almeno cinque metri e sarà stata alta almeno sette/otto metri da terra.

Raggiungemmo presto Denny che era già sulla sommità della cisterna, affiancandolo sulla passatoia posizionata tutto intorno.

Non c'era alcuna copertura, l'acqua arrivava fin quasi a raso e potevamo toccarla con le mani... sembrava anche essere della temperatura ideale!

"Maledizione!" imprecò Denny "Se non fosse per quella grossa elica che gira si potrebbe veramente farci un bel bagno".

"Si è un vero peccato..." dissi io "Ma a cosa serve poi?" chiesi perplesso.

"Credo" rispose Alex "Che serva per ossigenare l'acqua, anche se poi laggiù vedo che comunque c'è un depuratore a filtri."

"Ma perché non l'hanno coperta e chiusa?" chiese mio fratello.

"Molto probabilmente perché rimanendo aperta può raccogliere anche l'acqua piovana. Non vedo altre spiegazioni!" concluse il genio del gruppo, Alex.

"Beh, però il bagno non possiamo farlo ed io mi sento ancora più accaldato di prima, ce ne andiamo?" disse mio fratello.

"No per tutti i Paperi" intervenne Denny "Dobbiamo pensare a un modo per fermare questa maledetta elica. Non voglio rinunciare al mio bagnetto!"

"Forse un modo c'è..." disse Alex tornando di sotto " OK" continuò poi, mentre io lo guardavo incuriosito "Si può fare, però dobbiamo essere d'accordo tutti, perché per fermare l'elica bisogna togliere la corrente e siccome qui non ci sono gli attrezzi per aprire la scatola e staccare i fili che conducono al motorino, bisogna farla grossa...".

"Spiegati meglio. Che cosa hai in mente di fare!?" gli chiesi io.

"Eh eh... ho pensato che potremmo servirci di un sasso per tranciare il cavo. Fermeremo la corrente che alimenta l'elica e tutto passerà per un fortuito incidente. Che ne dite?"

Io guardai Alex che aveva già in mano il sasso, poi guardai quell'acqua così invitante.

"Vai, procedi!!! Sono con te!!".

"EVVIVA URRAH" fecero gli altri due come se attendessero solo un mio consenso.

Alex non esitò nemmeno un istante e immediatamente scagliò il sasso che colpì con precisione chirurgica il cavo elettrico dal quale partì una scintilla.

"Allora? Ha funzionato? Si è fermata?" ci chiese Alex da sotto. Ma non gli demmo alcuna risposta perché in un baleno eravamo già in mutande pronti a tuffarci dentro.

Aveva funzionato!

In men che non si dica, anche Alex ci raggiunse e quelli furono per noi momenti di gioia memorabili. Passammo un paio d'ore spensierate, nuotando e giocando felici e poi... come se nulla fosse successo, ce ne tornammo a casa docili docili come dei chierichetti che tornavano dopo una lezione del don.

Come previsto da Alex, nessuno fece lamentela per quel cavo rotto, infatti lo riparano facendolo passare per un incidente.

Solo ora mi vengono i brividi per tutto il corpo ripensando al rischio che abbiamo corso e non tanto per aver scampato le cinghiate del papà in caso ci avessero scoperto, ma perché quel cavo, anche se era spezzato all'interno, avrebbe potuto fare contatto all'improvviso, facendo ripartire il motore che azionava l'elica nella cisterna! Che cosa sarebbe successo in quel caso?!

Decisamente la nostra buona stella ci fu accanto anche in quell'occasione, come in molte altre nostre avventure che seguirono del resto (e furono tante), compresa quella che io definisco la madre di tutte le avventure... l'avventura con la A maiuscola.

Tutto iniziò un pomeriggio mentre, un po' annoiati, ce ne stavamo seduti davanti alla Green-House ascoltando un disco che ad Alex piaceva moltissimo. Si trattava di una band inglese a me allora sconosciuta che rispondeva a uno stranissimo nome che non mi riusciva proprio di pronunciare bene.

"...Rogghi ... ROlli che?" gli chiesi.

"Rolling Stones!" mi scandì "Ma come fai a non conoscerli?! Non ti piacciono? Non senti anche tu un brivido alla schiena ascoltandoli!?".

"Mi dispiace... ma proprio no..." gli risposi.

A me piaceva tutt'altro genere di musica, più calma e rilassante, tipo: Banco del Mutuo Soccorso, Premiata Forneria Marconi, Le Orme...

"Ragazzi! Basta con la musica. Che ne dite se ci organizziamo per andare a fare una bella escursione di un'intera giornata? Magari lontano da questi posti che conosciamo ormai alla perfezione?" disse Denny, interrompendo la discussione sui nostri gusti musicali.

Proprio in quel momento la canzone dei Rolling Stones finì e per un attimo ci fu un totale silenzio.

"Ma…" dissi io "Una giornata intera?!... dovremmo chiedere il permesso ai nostri genitori. Non possiamo certo farlo di nascosto…"

"Ci sono!" disse Alex, mentre riponeva il suo disco nella custodia in un modo tanto accorto che sembrava quasi stesse maneggiando del materiale esplosivo.

"Diremo ai genitori che verremmo a fare un pic-nic tra di noi qui alla Green. Sono certo che non ce lo negheranno!"

"Sì, è un'ottima idea!" ripose Denny.

"Sì, è un'ottima idea!" gli fece eco mio fratello e a quel punto a me non rimase altro che acconsentire.

"Va bene…" dissi "…Faremo così allora. Ma quando?... E soprattutto… dove andremo?".

"Non c'è fretta!" rispose Denny "Organizzo tutto io. Poi, quando tutto sarà pronto, parlerò con il mio papà e mi farò dire le previsioni del tempo, visto che lui ne è sempre al corrente per il suo lavoro. Quando sarò sicuro che ci sarà bel tempo vi avviserò.

Per quanto riguarda la destinazione... beh... c'è un posto che vorrei visitare da un bel po', un posto che non abbiamo ancora perlustrato... parlo della valle oltre alla diga. Ho sentito che c'è un tratto di foresta veramente inesplorata da quelle parti. Che ne pensate?".

"URRAHHHHH" rispondemmo tutti in coro.

"Bau, Bau" fece Kiko, al nostro fianco come sempre, che sembrava chiedere il permesso di venire con noi.

"Ci portiamo anche Kiko?" chiese Alex.

"Certo" risposi io "Non possiamo lasciarlo a casa, perché la mamma penserebbe subito che c'è qualcosa che non quadra, visto che ce lo portiamo sempre appresso. E poi ormai fa parte anche lui del gruppo, No?".

"Non so..." rispose Denny. "Per andare laggiù oltre la diga c'è da camminare un bel po' e lo sapete che lui ogni tanto se ne va in giro per i fatti suoi. Se poi si allontana troppo e non lo ritroviamo più? Dobbiamo essere liberi di muoverci senza alcun impedimento e non possiamo badare anche a lui."

"Sì, sì..." risposi cercando di rassicurarlo "...è vero quello che dici, ma sono assolutamente certo che non si allontanerà troppo da noi e che non si perderà! Vero Kiko?" gli chiesi accarezzandogli il muso.

"Chi è che non si deve perdere?!" sentimmo all'improvviso alle nostre spalle. Era il don-prof che apparso silenziosamente tra di noi come un fantasma cominciò a martellarci di domande.

"Ragazzi cosa state macchinando!?! Avete proprio l'aria di essere un gruppo di cospiratori che si apprestano a compiere un attentato. Dov'è che volete andare? E quando? E lo sanno i vostri genitori?".

"Tranquillo..." Disse Alex "...è da un bel po' di tempo ormai che non giochiamo più con i petardi e la polvere pirica. Quindi nessun attentato. Stavamo solamente progettando una bella escursione con pic-nic qui nei dintorni!".

"Ragazzi!!!!" riprese il don-prof "Ero qui vicino, non era certo mia intenzione spiarvi, però ho sentito quello dicevate e non credo proprio che sia una bella idea quella di andare fin oltre la diga... senza dirlo ai vostri genitori per giunta!".

"Non possiamo dirglielo..." dissi io "... di certo ce lo proibirebbero! In fondo cosa c'è di male? Vogliamo solo andare a vedere dei posti nuovi ecco tutto!!"

"Ehhh" riprese il don-prof "Io posso anche credere nella tua buona fede caro Mauro, però ti rammento che voi attirate i guai come i fiori attirano verso di sé le api e temo che anche stavolta finirete per combinarne un'altra delle vostre. Comunque..." disse alla fine della predica "So che farete comunque di testa vostra, non sarò certo io a fermarvi... sono stato giovane anch'io una volta... farò finta di non sapere niente a patto che mi promettiate di essere prudenti!"

"D'accordo don, ti diamo la nostra parola, grazie!!!". Rispondemmo in coro. Si vedeva chiaramente che non era molto convinto dei nostri buoni propositi, perché si voltò bofonchiando per proseguire nella sua passeggiata.

Noi quattro invece ci chiudemmo in cerchio, guardandoci negli occhi e con un salto, ci demmo il classico batti cinque come a sancire l'accordo per quella straordinaria escursione.

"A domani allora!" disse Denny essendo giunta l'ora del nostro rientro a casa "...cominciate pure a preparare i vostri genitori per il permesso a un... tranquillo pic-nic alla... Green! Ah ah ah!"

Una volta a casa però, il pensiero di tradire di nuovo la fiducia di papà cominciò dannatamente a rimordermi la coscienza e cercai quindi di convincere mio fratello a dire la verità.

"Senti..." gli dissi mestamente "Forse dovremmo essere sinceri con mamma e papà riguardo al nostro programma... può darsi che ci diano il consenso lo stesso. In fondo non facciamo nulla di male".

"Noooo!" rispose lui deciso "Sei pazzo!? Non possiamo rischiare che il papà ci rinchiuda ancora in casa per impedirci di andare. Sono convinto che se non ci andiamo noi non ci andrà nemmeno Alex e a quel punto Denny sarà da solo... forse tu non lo conosci bene come lo conosco io, ma ti garantisco che quando si mette in testa qualcosa niente e nessuno lo può fermare! Se ha deciso di andare in quel luogo, ci andrà anche da solo se è necessario. Tu non vorrai mica che succeda questo vero?... Non pensi che possa essere pericoloso per lui? Non ti sarai scordato del giuramento che noi quattro abbiamo fatto?".

Già... Il giuramento... dopo quel fattaccio successo alla sala giochi della Green-House e il conseguente periodo d'isolamento forzato, una volta riuniti ci giurammo assoluta fedeltà e amicizia eterna, come i quattro moschettieri. In quell'occasione promettemmo anche che una volta tornati in Italia ci saremmo tenuti in contatto, per poi ritrovarci, una volta maggiorenni, e andare assieme in un'isola deserta a vivere nuove avventure. Era stato tutto sancito per iscritto da Denny su di un foglio che, dopo essere stato firmato da tutti, avevamo infilato in una bottiglia e solennemente sotterrato.

"D'accordo, non diremo nulla... per ora... quando Denny stabilirà il giorno della partenza, allora vedremo...".

Quella sera a cena regnava uno strano silenzio a tavola, come raramente succedeva. Mia sorella come sempre se ne stava sulle sue, mentre papà e mamma non parlavano perché avevano appena bisticciato. Fu allora che pensai di cogliere l'occasione per chiedere il permesso di fare... una semplice scampagnata con tanto di pic-nic...

"Cosa?" disse la mamma "Volete stare via per tutta la giornata? E dove vorreste andare?".

"Beh..." saltò fuori mio fratello "Abbiamo pensato di gironzolare qua attorno come il solito, solo che stavolta vorremmo fare anche un pic-nic tra di noi alla Green... Tutto qui!".

"Non so..." rispose la mamma torcendo il naso "Non vedo che bisogno ci sia di stare via tutto il giorno!".

"Ma siii!!" disse intervenendo bruscamente il papà, forse proprio per la soddisfazione personale nel dare contro la mamma in quel momento "Lascia che vadano... senza combinare guai però... vero!?" Disse guardandomi fisso con due occhi che sembravano i fari che usano gli investigatori quando interrogano un sospettato.

Io non ebbi il coraggio di rispondere, con gli occhi bassi, non potendo reggere oltre il suo sguardo, annuii con il capo, mentre da sotto il tavolo il fratello attirava la mia attenzione dandomi un calcetto negli stinchi.

Mi voltai verso di lui che da sotto il tavolo, senza farsi vedere, mi mostrò il pollice retto e con un sorriso a denti stretti pronunciò un silenzioso "SIIIIIIII!!!!!!".

Avevamo il permesso che ci serviva!

"Va bene…" disse a quel punto la mamma "E per quando sarebbe questo programma?..."

"Beh non abbiamo ancora deciso il giorno esatto. Ne riparleremo con gli amici e poi vedremo".

"Abbiate almeno il buon senso di avvertirci per tempo. Così io e tua sorella ne approfitteremo per andare a fare quel giro con la Signora Corsini che da molto tempo ormai continuiamo a rimandare".

"Sì, sì, certo. Grazie mamma e papà. Buona notte!" dissi facendo cenno al fratello di seguirmi nella stanza da letto, per non dare modo ai genitori di ripensarci.

Passarono i giorni e i mesi, senza che riuscissimo a organizzarci per quella nostra grande avventura.

Era l'estate del '71, le lezioni alla scuola erano terminate e avendo tutte le giornate completamente a nostra disposizione, non vedevamo l'ora che arrivasse quel benedetto giorno.

Denny, tra tutti, era senza dubbio quello più impaziente tra di noi, ogni volta che ci ritrovavamo, portava qualcosa di nuovo da aggiungere all'equipaggiamento per la nostra avventura.

Aveva lo zainetto pieno di cose tra cui: una bussola, un machete (che non ci riuscì mai di farci dire come ne era venuto in possesso), una corda, un barattolo pieno di polvere pirica, un razzo (per eventuali segnalazioni, disse), naturalmente un accendino e perfino una scatola per il pronto soccorso (che veniva dall'ufficio del padre). Aveva pensato veramente a tutto, noi avremmo dovuto prendere solo i viveri.

"Allora... tutto sembra pronto..." gli dissi un giorno " Hai deciso per quando sarà?".

"Purtroppo dobbiamo aspettare ancora. Ho sentito il papà dire che è previsto peggioramento del tempo per i prossimi giorni... però ho una bella notizia per te Mauro!!".

"Per me?!" .

"Per tutti noi in realtà, ma per te in particolar modo, se è vero quello che tuo fratello ci ha detto sul tuo conto...".

"E cioè?! Avanti parla!" chiesi molto incuriosito.

"GASP!... che tu sei un virtuoso del calcio!!! Sai ogni tanto mio padre fa spedire dall'Italia, tramite dei corrieri, il materiale necessario alla ditta e proprio oggi dovrebbe arrivare un pacco nel quale ho fatto aggiungere anche un bel pallone di cuoio. Così finalmente potremo giocare al campetto e tu avrai l'occasione di dimostrarci se tuo fratello diceva il vero!".

"Un pallone da calcio?! Ma è magnifico, come mai non ci avevamo pensato prima?!" esclamai gioioso.

"Era da un po' che ci pensavo, poi finalmente ho convinto mio papà! Comunque, ora vado a casa ad attendere il suo ritorno per il pranzo, vedremo se arriva con il pallone... speriamo!! Intanto diamoci appuntamento per oggi pomeriggio al campetto!".

All'ora stabilita, puntuali come uno scolaretto al primo giorno di scuola, io, mio fratello e Alex, arrivammo al campetto, ma non vedendo arrivare Denny cominciammo a dubitare che il pallone fosse arrivato.

A un tratto però eccolo che apparve all'orizzonte, tutto raggiante, con in mano uno splendido pallone di cuoio e indossando perfino una divisa da calcio!

"Evviva!!!" esclamammo in coro correndogli incontro.

Per tutto il pomeriggio restammo al campetto a giocare ed io ebbi modo di dimostrare che ci sapevo davvero fare col pallone anche se, a dirla tutta, non mi sentivo affatto un 'virtuoso' come mi aveva descritto il fratello, ma comunque ai loro occhi, che il gioco del calcio lo conoscevano appena, dovevo essere sembrato un vero fuoriclasse.

Poi non so, forse perché non avevo l'ansia del risultato, forse perché in quel periodo mi sentivo veramente bene con me stesso, fatto sta che le mie gambe sembravano quasi volare in quel campetto, sembrava che il pallone fosse un tutt'uno con i miei piedi infatti nessuno riusciva a togliermelo!

"Wuaoooo" mi disse meravigliato Alex "Quanto vorrei avere anch'io quest'abilità nel calcio!!"

Io a quelle parole pensai che ognuno possiede qualcosa di speciale, che lo distingue dagli altri, ad esempio a lui invidiavo la sua notevole intelligenza, ma non dissi nulla, me ne rimasi in silenzio a godermi quell'attimo di soddisfazione.

Anche il giorno seguente ci recammo al campetto e così quello dopo e quell'altro ancora. In men che non si dica al nostro quartetto cominciarono ad aggregarsi altri italiani. Prima un paio, poi quattro e via via altri ancora fino ad arrivare al punto di organizzare un piccolo torneo per poter far giocare un po' tutti.

Nessuno però era in gamba quanti me... tutti rimanevano meravigliati nel momento in cui entravo in possesso del pallone, fino a che, addirittura, arrivarono al punto di non volermi più far giocare perché dove c'ero io, la vittoria della mia squadra era scontata e non c'era più gusto a giocare. Era il colmo! ...se volevo mettere piede nel campo, l'unico modo era fare da arbitro!

Quelle nostre partite al campetto, ci presero talmente che ci scordammo perfino della nostra tanto agognata avventura.

Ebbe talmente successo, che anche i dirigenti della ditta, vedendo gli effetti positivi che quel pallone aveva avuto sugli operai, molto più rilassati e sereni, decisero di organizzare un vero e proprio torneo che si sarebbe poi concluso con una degna finale da disputare in un VERO stadio a Taipei!

Solo Denny non si era affatto scordato dell'escursione, infatti, tra una partitella e l'altra, ben presto ritornò alla carica con la sua ossessione fino a che, un bel giorno ci disse: "DOMANI".

"Domani cosa?! " chiesi io.

"GASP... GULP e QUAK" esclamò a gran voce "La nostra avventura oltre la diga!!! Ve ne siete forse scordati? Domani sarà il giorno stabilito".

"Mi dispiace..." risposi "Ma non possiamo così su due piedi. Avevamo promesso ai genitori che li avremmo avvisati per tempo! Facciamo tra un paio di giorni, giovedì cosa cambia?"

"Si si" disse anche Alex " ...anch'io preferisco giovedì!"

"Va bene..." confermò Denny "... abbiamo aspettato tanto, qualche giorno in più non fa molta differenza. Su allora, correte ad avvisare i vostri genitori! Io già l'ho fatto... a proposito, ho pensato, già che c'ero, di chiedere anche il permesso di stare a dormire da te Alex, così non si preoccuperanno se dovessimo tornare tardi dalla nostra escursione giacché la sua casa è più vicina alla nostra destinazione. Del resto tu me lo hai chiesto mille volte di venire a passare una notte da te!".

"Sì, si è un'ottima idea, l'invito vale anche per voi due!" disse a me e a mio fratello "... la mia casa è grande e anche se qualcuno dovrà accontentarsi di riposare sul divano, non credo che questo sarà un problema, giunto? In questo modo avremo più tempo da dedicare all'escursione"

"Non so..." risposi io perplesso "proveremo a chiedere al papà, ma sono certo che sarà inutile. È già un miracolo che abbia acconsentito per la giornata, figuriamoci per la notte!".

"Tu digli che mio padre mi ha già dato il permesso!" disse Denny "I nostri padri sono molto amici e vedrai che non vorrà essere da meno e vi lascerà venire".

"Sei un genio!" conclusi io approvando l'idea.

La sera stessa, io e mio fratello chiedemmo ai genitori il permesso di passare la notte a casa di Alex e dopo un sonoro "NO" da parte della mamma, il papà ci chiese se il papà di Denny gli avesse già dato il permesso.

"Certo" rispondemmo all'unisono io e mio fratello.

"Allora d'accordo, potete restare là per la notte. Mi raccomando però, comportatevi bene in casa di Alex. Suo papà è un caro amico e non voglio assolutamente che poi abbia da ridire su di voi, per nessun motivo... è chiaro?".

"Si sì, certo grazie papà, non ti deluderemo!".

Non ti deluderemo... queste parole mi risuonarono nella testa per tutta la notte, non facendomi chiudere occhio. Tanta era la fame di avventura, ma forse più grande era il timore di dare del dispiacere al papà!

L'indomani, mercoledì, ci ritrovammo come il solito nella Green-House e dopo aver dato la buona notizia agli amici trepidanti cominciammo i preparativi per compiere l'impresa.

Denny tirò fuori dalla tasca una lista e cominciò con lo spuntare ogni voce svuotando il suo zainetto.

"Questo c'è, quest'altro anche, quell'altro pure..." e così via per arrivare poi a tirare fuori un'ultima cosa: una mappa, anch'essa proveniente dall'ufficio del papà.

Tutto era stato studiato nel dettaglio. Prendemmo gli ultimi accordi e poi ci salutammo per tornare alle proprie case a fare scorta di cibo e acqua.

Il tanto atteso giorno finalmente arrivò. Come concordato io e mio fratello con Kiko alle calcagna, ci presentammo all'appuntamento alle 07.30 precise. Sul luogo del ritrovo trovammo già Denny che come ci vide fece i salti di gioia.

"Per tutti i Paperi del mondo!" disse, tutto eccitato "Ci siamo finalmente!!! Non mi sembra vero!!!"

La sua euforia si esaurì poi piano piano, durante l'attesa, interminabile, di Alex che alle 08.30 ancora non era arrivato!

Denny, che sembrava essere stato morso da una tarantola, passò tutta l'ora a fare nervosamente avanti e indietro.

"Mah..." disse a un certo punto "Quest'avventura non può finire prima ancora di cominciare. Che ne dite se andiamo incontro a quel ritardatario?"

"OK andiamo!" dissi mettendomi in spalla il mio zainetto ricolmo di cibarie. Uscimmo di soppiatto dal villaggio e ci immettemmo sulla strada poi, dopo pochi passi, finalmente vedemmo Alex.

Denny subito lo assalì per chiedergli spiegazioni.

"Ehhh scusatemi..." spiegò "... mia mamma mi ha trattenuto fino all'ultimo e così mi sono perso la navetta che fa da spola fin qui al villaggio ".

"E come hai fatto a venire qua? Te la sei fatta tutta a piedi?" chiesi io

"Lasciamo perdere..." disse nervoso come non mai Denny intervenendo di brutto "Ora è qui ed è questo l'importante. Dovrò rivedere la nostra tabella di marcia dopo questo imprevisto! Speriamo che non ce ne saranno altri!"".

"Io un'idea per recuperare il tempo perduto ce l'avrei" disse Alex "ed è anche la risposta alla domanda che mi ha fatto prima, Mauro".

"Che intendi dire?" chiedemmo in coro.

"Ci nasconderemo dietro ad un tornante, lungo la strada e appena passerà un P.K. ci saltiamo dentro e ci facciamo portare fino alla deviazione che poi porta alla diga. Per venire qua io ho fatto proprio così!".

"Mi sembra un'ottima idea!" disse Denny improvvisamente rinvigorito.

"Si" concordai io "... ma come faremo con Kiko?"

Per un attimo ci guardammo in silenzio e poi all'unisono dicemmo:
"Spiacente Kiko ma devi tornare a casa. Su da bravo vai. Via a cuccia"
Lui ci guardò con gli occhioni tristi e non si mosse, poi, all'improvviso, si voltò mogio mogio e, è proprio il caso di dire... con la coda tra le gambe, si diresse verso casa.

Camminammo lungo la strada per qualche metro, poi, arrivati al tornante, come da programma, ci appostammo nascosti dalla vegetazione.

"Pronti?!" disse Alex ad un certo punto "Sta arrivando un P.K!".

Il P.K. era uno dei tanti mezzi messi a disposizione degli operai che facevano un continuo avanti e indietro dalla diga al villaggio.

Poco più grande di una Jeep, sembrava quasi un mezzo militare, con due posti a sedere in cabina e con dietro un capiente cassone telonato. Era proprio quello che faceva al caso nostro, perché così potevamo saltarci dentro mentre questo rallentava per imboccare il tornante.

Ce ne stavamo tutti rannicchiati tra i cespugli sul ciglio della strada, in fremente attesa del passaggio del P.K.

"Waooo ragazzi comincio proprio a divertirmi!" disse entusiasta mio fratello.

"Shhhhh!" lo zittì Alex "Sentite il rumore del P.K. che si avvicina? Tra poco ci passerà davanti! Siete pronti? Arriva!".

In un attimo con un balzo ci buttammo in strada con un tempismo perfetto e iniziammo a rincorrere il P.K. che come previsto aveva rallentato.

Il primo a saltarci dentro fu Alex, quasi a darci l'esempio, poi io con mio fratello assieme e per ultimo Denny, al quale abbiamo dovuto allungare le mani per aiutarlo poiché il P.K. stava già accelerando.

Incredibilmente dalla cabina (divisa dal cassone telonato) non si accorsero di niente, e così mentre noi ci guardavamo silenziosi e soddisfatti, l'ignaro autista ci portò a spasso per una buona mezz'ora fino a che, alquanto bruscamente rallentò.

Alex conosceva bene quella strada perché ci passava ogni giorno per venire da noi al villaggio, sapeva bene che eravamo giunti al bivio che conduce alla diga, e che quello era il momento per saltare giù.

Uno dopo l'alto lasciammo il P.K. che, senza di noi, svoltò per la sua strada sparendo dietro una curva.

"Urrahh!!" urlammo in coro in preda all'eccitazione.

"Devo ammetterlo..." disse poi Denny "... nonostante la mattinata sia cominciata proprio male, ora tutto si è risolto alla grande! Bravo Alex! Da qui in poi tocca a me. Seguitemi!" continuò consultando la mappa.

"OK capitano!" disse mio fratello " Lei ci guidi e noi la seguiremo anche in capo al mondo!".

"GULP. Non credevo di avere dei seguaci tanto fedeli! A parte gli scherzi..." proseguì "...ho studiato con attenzione la mappa e so esattamente dove dobbiamo andare".

"Si, d'accordo... dove si trova questo posto?"

Denny si accovacciò aprendo a ventaglio la mappa.

"Vedete? Noi siamo... esattamente qui..." disse mostrandoci il punto con un dito "...questo è il nostro villaggio... poco più in là c'è il paese dove abita Alex e qui si trova il sito dove stanno costruendo la diga. Ecco, noi scenderemo per di là. Tutto chiaro, no?." Disse indicandoci un tratto di foresta alla sinistra della strada. "...attraverseremo la foresta e poco dopo arriveremo al fiume Tachia. Non sarà un tratto semplice, non ci sono sentieri, ma è il modo più veloce per arrivarci. Lì poi decideremo se andare sull'altra sponda, o se proseguire sempre più in giù. Ora sono esattamente le 9.30. Sappiamo che da qui alla casa di Alex ci vuole... quanto, una mezz'oretta?..." Chiese rivolgendosi a lui..."Sii... circa" confermò Alex .

"Bene. Alle 18.00 comincia a fare buio, quindi dovremo essere qui alle 17,30. Abbiamo in totale otto ore tutte per noi!".

"Forza, che aspettiamo?" disse a gran voce mio fratello.

Denny s'incamminò facendoci strada in direzione della vegetazione.

Entrammo nella foresta, solo che non sembrava affatto come ce l'aveva descritta Denny! Mi aspettavo un posto irto di vegetazione, difficile da superare... invece quello che stavamo percorrendo era un normale sentiero e anche ben battuto!

"Denny ATTENTO!!!" gli urlai proprio mentre facevo le mie considerazioni. "Guarda ai tuoi piedi!"

Denny abbassò lo sguardo proprio nel momento in cui stava per calpestare quello che forse aveva scambiato per un grosso ramo, ma che in realtà era un rettile!

In una frazione di secondo, mentre stava per superare con un piccolo saltello il serpente, incredibilmente, come solo nei cartoni animati avevo visto fare fino a quel momento, riuscì, quando ancora era in sospensione, a invertire la direzione del salto tornando indietro per evitare il serpente che minaccioso si era eretto per difendersi dal calpestamento. In quell'istante l'istinto di Denny lo portò a compiere un gesto tale da farmi restare a bocca aperta dallo stupore.

"GASP, GULP, QUAK!!! Grazie Mauro!" disse con un sospiro di sollievo mentre intanto il rettile spariva tra i cespugli.

"Per tutti i Paperi … come dici tu… Ma ti rendi conto che hai fatto un qualcosa che solo il tuo amato Paperino sa fare nei fumetti? Sono certo se lo racconto in giro non mi crederà nessuno!!!".

"Già. Non so neanch'io come ho fatto a evitare quel serpente!".

"A proposito…" gli chiesi "Che serpente era secondo te?".

"Assolutamente non ne ho idea!!" rispose "Ho solo visto che era grosso! Comunque…" continuò riprendendo fiato "Alla fine non è successo niente. Lui se n'è andato per la sua strada e sarà meglio che anche noi riprendiamo la nostra, perché il tempo passa e non aspetta certo i nostri comodi!".

"Vuoi che vada avanti io?" chiese Alex.

"Neanche per sogno!" rispose "… da adesso in poi starò molto più attento a dove metterò i piedi, statene certi!"

Riprendemmo così il cammino, con Denny ancora in testa, e noi tre che lo seguivamo in fila indiana, percorrendo un sentiero che mano a mano che ci allontanavamo dalla strada, diventava sempre più impervio e oscuro, ma ad un tratto…

"Lo sentite anche voi questo rumore?" ci chiese il capofila.

"Si" dissi io che gli ero subito dietro, si trattava della possente voce del fiume che ci chiamava e infatti, subito la fitta vegetazione della foresta cominciò a diradarsi fino a sparire completamente permettendoci di ammirare l'ampio greto di quello che doveva essere un grande fiume ma che ora, ai nostri occhi, si mostrava poco più grande del torrente che attraversava il villaggio.

"Ehi capo, sarebbe questo il GRADE fiume!?" chiese mio fratello.

"GULP non me lo aspettavo..." rispose Denny grattandosi la testa.

"Le acque del fiume devono essere state sicuramente deviate da un'altra parte per permettere dei lavori alla diga!" ipotizzò Alex "Questo non è il suo vero aspetto. Ogni tanto, quando rilasciano le acque, questo diventa un tumultuoso fiume, vedete? In mezzo a quei ciottoli c'è ancora dell'acqua e non è certo quella piovana, visto che ormai non piove da diversi giorni...".

"...è vero ha ragione, dev'essere così!" disse prontamente Denny.

"Questo però..." aggiunsi io "Vuol dire che se restiamo qui da un momento all'altro potremmo essere investiti da una piena che ci spazzerebbe via come dei teneri ramoscelli?!".

"Non essere così drammatico..." rispose Alex "... so per certo che questo non succede mica ogni altro giorno. E poi prima viene dato un allarme tramite una possente sirena che a intervalli si espande in tutta la valle. Sono certo che la sentiremmo anche da qui, e che avremmo tutto il tempo per metterci al sicuro! Ehi... guardate là in fondo!" disse d'un tratto puntando il dito dietro alle nostre spalle.

"Wuuaoooo!!" esclamammo in coro.

"Ma quella è una funivia che attraversa il fiume! Presto andiamo a vedere da vicino!" disse Alex.

In un baleno, letteralmente volando sui ciottoli del greto, ci precipitammo sul posto.

"Beh... funivia... è una parola grossa, no?" dissi io appena arrivati.

"Già. GULP mi pregustavo già il brivido nell'attraversare il fiume..." disse deluso Denny.

"Possiamo farlo lo stesso!" propose mio fratello.

"Ma sei pazzo?" lo rimproverai "Abbiamo promesso ai genitori di stare ben attenti a non cacciarci nei guai!".

"Su dai, Mauro" mi sentì rimbrottare in coro "Adesso non vorrai mica fare il guastafeste. Siamo venuti sin qui a caccia di esperienze nuove, non ci ricapiterà mai più un'occasione come questa... pensaci!!!".

"Va beh, avete ragione su questo..." dissi alquanto deluso vedendo che li avevo contro tutti e tre. "...ma che mi dite di quel cavo teso sopra al fiume? È arrugginito e vecchio come matusalemme... secondo me non tiene il nostro peso!".

"Su questo posso tranquillizzarti io!" disse Alex "... lo sai che mio padre è ingegnere meccanico. A forza di sentirlo parlare del suo lavoro, qualcosa comincio a capirne anch'io e posso assicurarti che un cavo d'acciaio di quel diametro tiene come minimo uno strappo pari a venticinque Q.li"

"Sarà..." dissi scuotendo la testa "... Però a me da una gran brutta impressione. E poi… a voi questa sembra sicura?" chiesi a loro mostrando un contenitore grande poco più di una cassa, che evidentemente serviva per trasportare del materiale dall'altra parte.

Aveva sì l'intelaiatura di ferro, ma il resto era fatto con tavole di legno non certo nuove e il tutto era poi avvolto in un'imbragatura con una carrucola all'apice appesa a un tirante di acciaio, fissato a dei grossi alberi in entrambe le parti del fiume. "... voi vorreste salire su questa cosa!?" chiesi infine.

"Dai dai..." disse Denny facendosi largo "... lo faccio io per primo. Quando sono dall'altra parte non dovrete far altro che richiamare la cassa e seguirmi uno per volta. Sono veramente convinto che ne valga la pena e non solo per il brivido dell'attraversamento, ma anche perché sento che è dall'altra parte ci vivremo la vera avventura. ALLORA, SIETE CON ME?"

"Siii" risposero gli altri due mentre io me ne rimasi in silenzio.

"Hei, avrei un'idea" disse a quel punto Alex "Perché non lasciamo decidere alla sorte chi andrà per primo, come fanno nei film?".

"Si si bellooooo!" approvò mio fratello "Ma come facciamo?".

"Con i bastoncini!!" rispose Denny "Prendiamo quattro bastoncini ogni uno di lunghezza diverse e li uniamo in un mazzo nascondendo un'estremità. A turno poi ne prendiamo uno e quello che pesca il più corto avrà l'onore di partire per primo... Tutti d'accordo?".

In un attimo Denny aveva già in mano i bastoncini e uno dopo l'altro ne prendemmo uno.

"Tocca a te Mauro! Hai pescato il più corto!". Me ne rimasi per un attimo immobile, a fissare quel bastoncino tra le mie mani.

"Senti ..." disse Denny vedendomi ancora esitante "Se vuoi, vado io per primo, per me è lo stesso, non preoccuparti, non è la fine del mondo se non te la senti!"

"No!" gli risposi a quel punto un po' colpito nell'orgoglio "Vado io, la sorte ha deciso così!".

Non potevo certo tirarmi indietro, così entrai in quella cassa, mi raggomitolai e con le mani mi aggrappai saldamente alla fune che collegava la carrucola pronto (o quasi...) per il lancio.

Proprio in quell'istante, mentre seguivo con lo sguardo il percorso che mi accingevo a compiere, vidi davanti a me, a un metro di distanza un alone di luce bianca con al centro il viso del ... Kope!.

Mi sentii la testa pesante come un macigno e bollente come se fosse stata immersa in un calderone di lava incandescente.

Cercai di attirare l'attenzione degli altri che erano già pronti a lasciar andare la fune, per dir loro che non mi sentivo affatto bene, ma la mia bocca non riusciva a proferir parola e i miei arti erano come bloccati da una forza invisibile. Non mi riusciva proprio di reagire. Me ne stavo lì seduto, pietrificato quando la cassa iniziò a muoversi. Solo in quel momento, compiendo un notevole sforzo di volontà, mi riuscii a girare il capo verso i miei amici che tutti sorridenti e soddisfatti tiravano con forza quella corda.

Lentamente, ma con moto continuo e senza strappi eccessivi, mi stavo allontanando... stava funzionando... tornai a guardare davanti a me, sempre in compagnia di quella brutta sensazione che proprio non mi abbandonava. La sponda opposta si stava avvicinando, ma improvvisamente la cassa si bloccò e prese a dondolare pericolosamente. Solo grazie alla mia prontezza di riflessi, stringendo più forte che potevo il cavo della carrucola, riuscii a non cadere.

Attesi che l'oscillazione si fermasse, mentre con gli occhi sgranati, osservavo sotto di me lo scorrere impetuoso dell'acqua che sembrava lottare contro i grandi massi nell'intento di riuscire a liberarsi di loro e poter così proseguire la sua corsa verso l'oceano.

Stavo per voltarmi e vedere cosa diamine stessero combinando gli altri, sperando magari avessero solo voluto farmi uno scherzo (anche se di cattivo gusto), quando ad un tratto e senza alcun preavviso, il tirante d'acciaio si spezzò ed io inerme come un burattino al quale sono stati tagliati improvvisamente i fili, precipitai nel fiume. Questa volta non mi riuscì alcuna reazione fisica, solo un urlo, nel momento in cui vidi i massi immersi nell'acqua schiumosa sempre più vicini.

Poi più niente... buio completo e una voce molto lontana, che flebilmente pronunciava il mio nome.

"Maurooooo... Maurooooo..." gradualmente il volume aumentava fino a farsi sentire forte e chiara. "MAURO!! CI SEI??"

Solo in quel momento mi ripresi. Vidi mio fratello che mi scuoteva e mi resi conto che quello che avevo appena vissuto non era accaduto nella realtà. Ero altrettanto certo, però, che non era stato affatto frutto della mia fantasia...

"NO, NO, FERMI!!! Urlai spaventato uscendo dalla cassa.

"Ma che ti prende?" mi chiese preoccupato il fratello. "Stai poco bene? Vuoi che aspettiamo un po' che ti passa?" continuò, mentre gli altri due mi guardavano attoniti.

"Dev'essere un attacco di panico" ipotizzò Alex.

"No, no. Non è affatto un attacco di panico. Sentite ragazzi, so che è strano, però vi prego di credermi. È come se avessi appena vissuto quest'esperienza ed è finita davvero male! Quindi per favore, lasciamo perdere!!".

"Hai avuto un déjà-vu!?" mi disse Alex che sembrava l'unico a credermi.

"Un de? ... Che cosa?" chiese mio fratello.

"Un de-ja-vu..." ripeté Alex scandendo meglio la parola "... in parole povere, avviene quando nel cervello tutto a un tratto viene come proiettato un film di cui conosci già l'epilogo, anche se in realtà non l'hai mai visto..."

"Ma dai!!!" lo irruppe Denny per nulla d'accordo con l'idea di rinunciare "... sono certo che si tratta solo di uno scherzo della mente, magari dovuto alla paura...".

"Non è affatto uno scherzo!" dissi a gran voce perentoriamente.

"D'accordo, allora facciamo così..." replicò Denny "...riempiamo la cassa con dei grossi ciottoli fino ad arrivare più o meno al peso di uno di noi. Poi lo facciamo attraversare, così ti renderai conto che la tua è stata solo un'allucinazione. Va bene?".

"Sì, certo è un'ottima idea!" risposi sollevato.

In un attimo riempimmo il cesto, mentre mio fratello sottovoce, senza farsi notare dagli altri, mi chiedeva di spiegargli meglio cosa era successo nella mia visione.

"Ora vedrai..." gli risposi.

Tirammo tutti assieme la corda di canapa, la cassa piena di ciottoli lentamente si allontanò da noi giungendo a metà del percorso.

"Hai visto, Mauro? Non succede niente e il cavo tiene che è una meraviglia. Che ti avevo dett..." disse Denny, senza avere il tempo di finire la frase perché tutto a un tratto il cavo d'acciaio si sfaldò, filo dopo filo, fino a che... "CRAAAK", come in un film al rallentatore, si spezzò del tutto, facendo precipitare nel fiume la cassa con tutto il suo contenuto.

Ci fu un attimo di silenzio irreale.

Osservai i miei compagni con sguardo soddisfatto come a dire " ...che vi avevo detto?!"

"QU... QUA... QUAAAAK" borbottò Denny "Non ci credo, non può essere vero..."

"E invece si!" ribatté mio fratello "... se non fosse stato per Mauro, ora saresti tu là nel fiume a fare da cibo ai pesci!".

"Beh una cosa è certa. Ti ringrazio Mauro, anche se non mi spiego come tu abbia fatto!".

"...non lo so neppure io..." gli risposi mentendo, poiché sentivo benissimo dentro di me che se avevamo evitato una tragedia era solo grazie al Kope. "... e adesso che facciamo?" continuai interrompendo appositamente il mio pensiero. "Abbiamo rotto il cavo... qualcuno se ne accorgerà prima o dopo... ".

"Ma di cosa ti preoccupi?" disse Alex " Nessuno sa che siamo qui, non potranno mai sapere che siamo stati noi, vero ragazzi?".

"... a fare cosa?!... non abbiamo né visto né sentito niente. Di cosa si sta parlando?" dicemmo poi entrambi, stipulando così un tacito accordo di omertà.

Decidemmo di proseguire costeggiando il fiume nella speranza di trovare un punto in cui avremmo potuto attraversarlo.

Dopo appena pochi passi vedemmo in lontananza un punto in cui il letto del fiume di restringeva di molto.

"Che ne dite, io sono ancora curioso di sapere cosa c'è dall'altra parte... proviamo a fare l'attraversata?" disse Denny.

"Non c'è molta acqua in quel punto... al massimo ci bagneremo fino all'ombelico, ma è comunque pericoloso per via della corrente e dei massi scivolosi" precisò Alex.

"Beh avviciniamoci a dare un'occhiata..." dissi io.

Appena arrivati, costatammo che in effetti quello sembrava proprio un buon punto per tentare l'attraversata, essendo il fiume costretto a incanalarsi in una strettoia larga una decina di metri, con ai lati giganteschi massi che sembravano essere stati messi appositamente lì a fare da argini .

"HEI, UN MOMENTO" dissi io ad un tratto.

"Che c'èèèèè?" mi chiesero in coro "Non ci dirai che hai avuto un altro presagio?!!!".

"No no... tranquilli, non si tratta di questo. Volevo solo dirvi che si potrebbe usare la grossa corda di canapa della funivia per aiutarci ad attraversare...".

"Accidenti Mauro, grande idea!" concordarono assieme.

Detto... fatto! Nel giro di pochi minuti, eravamo già corsi a prendere la corda per poi legarla saldamente ad una roccia.

"OK, vado io!" disse Denny mentre si toglieva le scarpe. "Appena sarò di là, legherò l'altro capo della corda in modo da farne un bel tirante, così per voi sarà più semplice attraversare!" concluse.

"Va bene. Però mi raccomando legatela bene alla vita!" dissi io "... così, se dovessi scivolare, noi potremo tirarti a riva evitando di farti trascinare via dalla corrente!".

Cautamente Denny mosse i primi passi dentro il fiume con l'acqua che piano piano lo avvolgeva.

"È fredda?" chiese mio fratello.

"Noooo, non è fredda... è GELIDA, per tutti i Paperi del mondo, non credevo ... acc...." disse mentre sparì completamente immerso nell'acqua.

"Denny! Denny! " urlammo insieme tirando la fune. Per fortuna riemerse subito, ansimante e infreddolito.

"Tutto bene... Gasp... sui massi si scivola come sul sapone!"

Ancora qualche passo e... missione compiuta! Ce l'aveva fatta, era dall'altra parte!

"Urrahhhh bravo!!"

In un attimo si sciolse la corda di dosso e la fissò saldamente a un albero.

"Coraggio, tocca a voi, mi raccomando, tenetevi bene saldi alla se non volete ritrovarvi in ammollo... e vi assicuro che non è piacevole!" ci urlò dall'altro argine.

Uno dopo l'altro raggiungemmo Denny, che intanto si era già spogliato completamente per strizzare via un po' di acqua dagli abiti, prese poi lo zainetto e vi tirò fuori un barattolino di vetro contenente della polvere pirica di cui si sarebbe poi servito per accendere un bel falò con alcuni rami secchi.

"Ho proprio bisogno di scaldarmi un po' le ossa" disse soddisfatto "...ne approfitteremo per fare una sosta e mangiare qualcosa. Ormai siamo di qua, il grosso è fatto!"

"Già... sarà bella poi tornare indietro!... Speriamo che non aumenti la portata delle sue acque, come faremo in quel caso? Resteremmo bloccati da questo lato!" dissi io preoccupato...

"Se succedesse, saremmo avvisati dalla sirena d'allarme dalla diga, anche se non saprei proprio quanto tempo avremmo a disposizione prima che l'acqua ingrossi il fiume..."

"Allora..." disse Denny "... abbiamo già avuto una buona dose di emozioni, chissà cos'altro ci attenderà!?".

"Io mi riterrei già soddisfatto così" dissi io.

"Eh no!" riprese Denny "Una giornata così non ci capiterà mai più e dobbiamo approfittarne! Siete ancora d'accordo con me nel continuare? ...o qualcuno vuole che si torni indietro?!!".

"Tutti per uno e uno per tutti" rispondemmo in coro come i quattro moschettieri.

"...Solo una cosa..." disse mio fratello "...ma dovremmo bagnarci anche al ritorno!?".

"Beh, a meno che nel frattempo tu non abbia imparato a volare, credo proprio di sì. Non vedo come si possa fare altrimenti..." rispose Denny.

"Quella fune di canapa è lunga abbastanza da poter fare altri due giri, no? Bene, ho in mente una modifica che renderà più agevole il ritorno, vado, fin che sono ancora bagnato..." disse mio fratello.

"Che cosa vuole fare?!" chiese Denny.

"Credo che voglia fare una specie di ponte tibetano, sistemando altri due tiranti paralleli un po' più in alto, in modo da potervici aggrappare con le mani mentre camminiamo sul cavo centrale sottostante" risposi io, attendendo una conferma da mio fratello.

"Non so proprio come possa chiamarsi, però si. L'idea è quella!" confermò.

Il caro fratellino mi sorprese alquanto con quella pensata e altrettanto quando lo vidi in azione per metterla in pratica.

"Complimenti fratellino!" gli dissi, una volta ritornato da noi a lavoro ultimato "...non ti credevo così in gamba!".

"Si" rispose "... bisogna comunque avere un bel senso dell'equilibrio, ma almeno non ci bagneremo un'altra volta. Ed è pure divertente! ... Perché non ne facciamo uno simile anche sul torrente al villaggio?".

"Vedremo" disse Denny "… ora però andiamo che si sta facendo tardi ed abbiamo solo un paio d'ore a disposizione prima del ritorno."

In un attimo raccogliemmo le nostre cose e con gli zaini in spalla ci portammo nei pressi della boscaglia.

"C'è un sentiero là, che dite, lo seguiamo?" chiesi io.

"Va bene" concordarono gli altri " … vediamo dove porta!"

Il percorso diveniva passo dopo passo sempre più difficile, tanto che a un certo punto Denny si vide costretto a usare il suo machete per riuscire a farsi strada tra la vegetazione.

E così, faticosamente, ma supportati da uno spirito d'avventura fuori dal comune, continuammo ad avanzare per circa un'ora, poi all'improvviso il sentiero tornò a essere un po' più agevole.

"ALT!" disse Denny alzando una mano e nello stesso tempo facendoci cenno di restare in silenzio. Piano piano, mi avvicinai a lui per capire cosa avesse visto.

"Ssssh, sentite anche voi delle voci?" sussurrò.

Con cautela avanzammo tutti raggruppati ancora di pochi passi.

Si vedeva una radura grande all'incirca come un campo da calcio. Nell'estremo lato sinistro, proprio vicino alla boscaglia c'era una grande baracca di legno e davanti a essa delle persone (cinesi) tutte indaffarate a portare del materiale prelevandolo da un furgoncino.

"Acciderba!" disse mio fratello "Altroché foresta inesplorata..."

"SILENZIO!!!... vedete anche voi quello che vedo io??" disse Denny "Guardate che faccia da loschi hanno. Secondo me stanno combinando qualcosa di grosso!!!".

"Ma dai..." dissi io "... tu vedi misteri dappertutto... forse sono solo dei semplici contadini che mettono al riparo degli attrezzi".

"Siiii..." replicò lui "... cosa coltiverebbero in mezzo ad una foresta?! Vi ripeto che sento odore di bruciato!!".

"Perché cosa c'è che va a fuoco?" chiese mio fratello.

"Non scherziamo..." disse a quel punto Alex " ...credo anch'io che qualcosa non quadri...".

"Ragazzi...!" disse Denny con un sorriso a tutta bocca e con l'aria soddisfatta di un gatto che si è appena mangiato un grosso topo "... questa è la nostra giornata!! Che ne dite se andiamo a spiarli da vicino? Così, solo per curiosità... vedrete se non ho ragione nel sospettare qualcosa di losco. Ma voi … non siete curiosi di sapere cosa contengono quelle casse?!".

"Sì, dai!" lo sostenne Alex attratto dall'idea "...possiamo avvicinarci senza essere visti, sfruttando la boscaglia. Poi una volta vicino al capanno ci infileremo dentro silenziosi come serpenti... immaginate se in quelle casse ci troviamo armi o droga?!

"Già... è proprio ciò che temo!" dissi io "Se quei tizi stanno davvero nascondendo merci di questo tipo, significa che abbiamo a che fare con dei delinquenti! Che cosa faremo se ci beccano?!... non credo che ci accoglieranno come dei graditi ospiti. Se proprio volete andare, andate!! Io non me la sento assolutamente, vi aspetterò qui con mio fratello!".

Pensavo, con quel discorso, di averli dissuasi da quel loro intento ma non fu così.

"OK, perfetto!" disse a quel punto Denny sganciandosi lo zainetto e porgendomelo "Dentro c'è un binocolo... prendilo tu Mauro, così potrai osservare l'evolversi della situazione rimanendo nascosto qui. A presto".

"Mi raccomando" disse mio fratello "State attenti a non farvi scoprire!"

Ma credo che non lo abbiano nemmeno sentito terminare la frase, perché in un batter d'occhio in preda a un'euforia incontrollabile erano già spariti tra la vegetazione.

Furono interminabili i minuti di attesa, io e mio fratello ce ne restavamo in assoluto silenzio con fiato sospeso.

Io osservavo ogni movimento con il binocolo puntato diritto al capanno e facevo una specie di radiocronaca in diretta su quello che vedevo.

"Ormai dovrebbero essere arrivati. Dannazione non capisco perché ci mettono così tanto!... spero che non abb... ah, eccoli che sono spuntati fuori proprio ora!... si stanno nascondendo dietro l'angolo della baracca. Ora non li vedo più... si sono nascosti... due cinesi si stanno dirigendo verso il capanno con una grossa cassa. Ecco ora stanno uscendo a mani vuote e tornano verso il furgoncino, dove li stanno aspettando gli altri due. Ecco Denny e Alex che rispuntano fuori... ora sono arrivati alla porta e stanno tentando di aprirla. Ma quanto ci mettono? Maledizione, i cinesi devono averla chiusa a chiave... stanno continuando a insistere quegli incoscienti, perché non demordono e tornano nascondersi? Potrebbero essere visti... OH nooooo!!!".

"Che c'è, cosa succede? Dimmi, non tenermi sulle spine!" disse mio fratello esortandomi a riprendere parola...

"...succede che adesso per noi ci saranno guai grossi come montagne! I cinesi li hanno visti... li senti? Stanno correndo al capanno urlando come matti e Denny e Alex se la stanno dando a gambe... oh... maledizione, li hanno presi..."

"Oh mio dio, che cosa gli faranno adesso?"

"A questo punto, possiamo solo sperare di esserci sbagliati sul loro conto, perché se sono veramente dei delinquenti come pensavamo, non oso pensare a come andrà a finire!".

"Che sta succedendo ora, li vedi?" chiese trepidante mio fratello.

"Li stanno solamente tenendo fermi mentre discutono tra di loro. Ohhh, hanno dato un gran ceffone ad Alex, MALEDIZIONE... MALEDIZIONE!!! Lo dicevo io di non andare!" .

"Ohhh no" sospirò mio fratello "Adesso cosa facciamo noi?".

"Per ora niente, se saltiamo fuori prenderanno anche noi... fammi guardare, voglio rendermi conto della situazione... ".

"Allora che succede?". Chiese trepidante.

"Mi sembra che ora si stiano calmando un po'. Staranno decidendo sul da farsi... ecco. Ora tutti insieme stanno entrando nel capanno".

"Non vorranno mica...?" chiese terrorizzato pensando al peggio.

"Un momento... li hanno lasciati dentro, stanno chiudendo la porta!! Ora si stanno allontanando. Salgono sul furgoncino..."

"...SONO ANDATI!??? Sicuramente li vogliono tenere prigionieri, in attesa di decidere cosa farne di loro... presto corriamo a liberarli!" Disse mio fratello.

"Un momento" gli risposi. "Non aver tanta fretta, aspettiamo qualche minuto. Voglio essere certo che siano abbastanza lontani!"

"OK" rispose lui in accordo con me.

"Bene. Tutto tace..." dissi dopo aver scrutato attentamente la zona con il binocolo. "Su svelto, corriamo al capanno".

Con un balzo saltammo fuori dal nascondiglio e, correndo come dei forsennati, in un attimo arrivammo davanti alla porta del capanno.

"Ragazzi, ehi ragazzi" urlai.

"Siamo qui dentro, ci hanno legato mani e piedi, ma stiamo bene. Presto, tirateci fuori!".

"DANNAZIONE! La porta è chiusa a chiave e non si apre!" .

"Un momento" mi rispose Denny da dentro il capanno "Credo di sapere come fare. Mi ascolti?".

"Sì, si dimmi presto!".

"Prendi il coltello e prova a forzare la serratura!"

Senza dire niente, più velocemente che potevo, presi dallo zaino il grosso coltello, provai a forzare la serratura con Denny da dentro che mi dava le istruzioni ma niente, non mi riuscì ...

"Non fa niente GASP, stai calmo. Allora passiamo al piano B".

"COSA? PIANO B?" gli chiesi.

"Dentro lo zaino c'è il barattolo di vetro con la polvere pirica". Mi disse.

"Credo di aver capito. Vuoi provare a fare come quando squarciavamo gli alberi? Ma come faccio a..."

"Forza, datti da fare!" urlò interrompendomi "Guardate in giro se trovate qualcosa che possa servire al caso!".

"Ci sono!!" mi disse mio fratello "Guarda là a terra, c'è quel vecchio straccio. Pensi che possa andare bene?"

"Forse abbiamo trovato il modo di fare l'involucro, però come faccio a fare la miccia?" chiesi nervosamente verso l'interno della baracca mentre raccoglievo lo straccio.

"C'è ancora un pezzo di corda nello zaino, strecciala fin quando ne ricaverai dei singoli fili".

"Ci sono. E ora?" . Chiesi.

"Ora con uno di quei fili fissa la 'bombetta' alla maniglia della porta poi con un altro fanne una specie di miccia che poi...."

"Ho capito, ho capito, sono pronto!" dissi "Cercate di allontanarvi dalla porta se potete, sto dando fuoco alla miccia!"

3, 2, 1... provai ad accendere lo spago, ma sul primo proprio non mi riuscì, le mie dita tremavano come foglie al vento e non volevano proprio saperne di rimanere ferme, poi finalmente... ZAK!

Il colpo giusto arrivò. Lo spago si consumò velocemente con il fuoco, il quale, una volta arrivato alla polvere innescò l'esplosione.

Il boato fu assordante ma purtroppo non servì al nostro scopo...

"Niente da fare ragazzi, la maniglia è malridotta ma non cede..." dissi continuando ad armeggiare .

"Allora..." disse Denny demoralizzato "A questo punto non vi rimane altra scelta che correre a chiedere aiuto al paese di Alex, è molto più vicino del nostro villaggio. La sapete la strada per tornare in dietro, no? In fondo non dovrete fare altro che seguire il sentiero appena fatto. Coraggio, andate e cercate di fare più presto che potete, mi raccomando".

"No!!!" dissi io più deciso che mai "Non vi lascio qui. Non me ne andrò senza di voi, pensiamo tutti a un modo per farvi uscire! Un momento... non ho ancora fatto il giro del capanno. Ci sono delle finestre per caso?".

"No purtroppo. C'è solo una specie di abbaìno sul tetto ed è chiuso con un chiavistello...".

"Fatemi dare un'occhiata qui intorno, anche tu, guarda bene dappertutto se c'è qualcosa che ci possa servire per salire sul tetto". dissi rivolgendomi a mio fratello.

Con passi veloci io mi portai sul retro del capanno, mentre mio fratello andava dall'altra parte. Purtroppo però di scale... nemmeno l'ombra...

Stavo scuotendo la testa in segno di rassegnazione, quando il mio sguardo andò a posarsi su di una cassa vuota proprio lì in disparte.

"Forse…" pensai "…Se la raddrizziamo e ci saltiamo sopra… Hei, vieni, presto!" dissi chiamando mio fratello per spiegargli la mia idea. "Presto, sali sulla cassa e tieniti ben saldo con la schiena sulla parete, poi unisci le mani così mi farai da scaletta! " .

"Non ce la farò mai, sei troppo pesante per me!". Piagnucolò.

"Dai, proviamo almeno!".

Con un grande sforzo mio fratello riuscì a reggere il mio peso e a rimanere eretto con me sopra alle sue spalle per un breve tempo, ma le mie dita arrivavano a malapena sulla trave che sosteneva il tetto. Poi, mentre in un ultimo tentativo mi allungavo alla disperata ricerca per una solida presa… PATATRAK… la cassa cedette e noi finimmo entrambi a terra facendo un gran capitombolo.

"Che sta succedendo?" chiesero da dentro.

"Niente, niente" risposi accertandomi subito che anche mio fratello fosse illeso.

"… dai, non scoraggiamoci, dobbiamo pensare a qualcos'altro!"

Me ne tornai davanti alla porta, e la osservai per qualche minuto, con gli occhi fissi su quella maledetta maniglia, senza sapere cosa fare…

caspita, i cinesi sarebbero potuti tornare da un momento all'altro, non c'era tempo da perdere!

"Voglio fare un ultimo tentativo!" dissi.

Presi dallo zaino di Denny il suo machete e con tutta la forza che avevo in corpo, riuscii a conficcare la lama tra la porta e lo stipite per poi, una volta arrivato all'altezza della serratura, smuoverlo energicamente.

Non so come sia potuto succedere, forse grazie ad un miracolo, o forse alla mia determinazione, o alla forza della disperazione... non so... ma ad un tratto, quella maledetta porta finalmente cedette.

"URRAHHH, GRANDE MAURO!!!"

Un attimo dopo io e mio fratello eravamo già dentro a liberare gli amici.

"Non lo dimenticheremo mai! Sei stato un grande!" mi dissero stringendomi in un forte abbraccio.

"Va bene" risposi commosso "Ma adesso andiamocene da qui prima che quei cinesi facciano ritorno!"

"Quel maledetto..." disse Alex massaggiandosi la mascella sinistra "Mi sento ancora la mandibola indolenzita. Se solo potessi fargliela pagare..."

"Possiamo... se li denunciamo, dovranno rispondere come minimo di sequestro di persona e violenza su minore!" Puntualizzò Denny "...a proposito, ora voglio proprio vedere cosa nascondono..." terminò scoperchiando una cassa mentre Alex ne apriva un'altra. Chissà cosa credevano di trovarci!... non so, ma la loro delusione fu grande nel vedere che si trattava solo di vasi e statue!!!

"Beh, non è quello che immaginavo di trovare, ma questi oggetti sembrano essere di valore... guardate questa magnifica riproduzione del Buddha tutto verde. Secondo me è fato con la preziosa giada cinese!" disse Alex "...questa ce la prendiamo noi, sarà il nostro cimelio in ricordo della nostra grande avventura!" aggiunse.

"Perfetto!" concordò Denny "Mettilo nello zainetto e ora via tutti, di corsa a casa di Alex!".

"...Era ora!" disse mio fratello "...basta emozioni per oggi!!"

Lasciammo quel posto veloci come delle volpi inseguite dai cani dei Lord inglesi nella classica caccia a cavallo... e questo della caccia inglese non è affatto un paragone casuale, perché poco dopo sentimmo un suono lontano, proprio come quando gli strumenti a corno davano il via alla caccia.

In quell'istante ci bloccammo come statue.

"Cos'è questo suono?" chiesi agli altri anch'essi fermi in ascolto .

"Lo so io..." disse Alex con tono grave " RAGAZZI!!! È la sirena d'allarme dalla diga!"

Ci guardammo con gli occhi sgranati e in una frazione di secondo scattammo via rapidi come un velocista.

In breve tempo, seguendo la pista battuta all'andata, arrivammo al fiume. Eravamo senza un briciolo di fiato ormai ma non potevamo fermarci! Non ancora! Altri due richiami, sempre più ravvicinati tra loro ci avevano fatto capire che avevamo pochissimo tempo a disposizione per andare dall'altra parte del fiume!

"Presto, presto!" Urlò Denny che per primo si apprestava ad attraversare seguito a ruota da mio fratello, poi da Alex e infine da me, ma proprio quando stavo per cominciare la mia attraversata, un rumore sordo e cupo, proveniente dal monte del fiume, mi fece accapponare la pelle.

Sapevo bene di che cosa si trattava e mi sbrigai ad attraversare, mettendo rapidamente un piede davanti all'altro con lo sguardo fisso verso il punto d'arrivo.

Ero ormai giunto al centro del ponte quando voltai lo sguardo e vidi un muro d'acqua che si dirigeva velocemente verso di me.

Non so bene spiegare quello che provai in quel momento, l'acqua improvvisamente mi sembrò assumere le sembianze di un'enorme bestia, che spalancava le sue fauci verso di me, con la bava alla bocca, e con gli artigli che annaspando freneticamente non aspettavano che aggredirmi.

Le mie gambe si paralizzarono.

Conoscevo bene quella creatura oscura, la conoscevo perché fin da bambino ho cercato di sfuggirle durante tutte quelle notti insonni in cui mi rifugiavo sotto le coperte o in tutte quelle occasioni in cui provavo quel particolare senso di terrore e impotenza... la conoscevo bene, dannazione.

Guardai i miei amici, già al sicuro sulla sponda e mi voltai di nuovo verso quel mostro sempre più vicino a me.

Improvvisamente fui scosso da una scarica di adrenalina.

"NON MI FAI PIÙ PURA!!" gli urlai contro con tutto il fiato che avevo e poi, rapidamente ripresi la mia attraversata raggiungendo gli altri.

Nel momento stesso in cui posai i piedi sulla sponda, voltai di nuovo lo sguardo verso il fiume. La belva non c'era più, tutto era tornato ad avere l'aspetto originale e il muro d'acqua raggiunse il ponte facendolo sparire completamente.

"PROPRIO PER UN PELO!!" Mi dissero"... ma che ti è preso!! Perché ti sei fermato a metà strada! Abbiamo temuto il peggio!" mi rimproverarono tutti .

"...niente... ho solo... sfidato le mie paure e le ho sconfitte!" risposi pienamente soddisfatto e appagato, cosciente del fatto che avevo finalmente avuto la meglio su un'invisibile nemico che covava dentro di me ormai da troppo tempo...

"Sei tutto matto!!" mi dissero mentre ci mettevamo seduti per recuperare un po' di forze.

"Che ne dite se riprendiamo la corsa? Ormai è quasi buio!" .

Ci alzammo in piedi, attingendo alle nostre ultime riserve di energia e ci incamminammo di buon passo.

Dopo una mezz'ora di cammino però, quando il buio era già sceso rendendo più difficile l'orientamento, fui colto un forte dubbio sulla strada che stavamo percorrendo.

"Non mi sembra di essere passato di qui stamani..." dissi agli altri, preoccupato.

"Credo che Mauro abbia ragione!" confermò Alex.

"OK fermiamoci un attimo" disse a quel punto Denny. "... allora vediamo un po'..." continuò, tirando fuori dallo zaino la mappa, la bussola e... meraviglia delle meraviglie: una potente torcia a batterie.

"Che forza!" dissi io "Anche quella ti sei portato! È almeno il doppio di quella che ho io!"

"Anche tu ne hai una?" mi chiese Danny.

"Sì, ma è meglio che usiamo la tua, perché la mia è troppo piccola!" gli dissi tirandola fuori dal mio zainetto".

"Sì, mettila pure da parte intanto... GASP!..." esclamò mentre consultava la sua mappa "... avete ragione... ma niente panico!" disse subito dopo "...siamo solo un po' più a sud rispetto al percorso di andata, ma forse è meglio così, visto che una volta arrivati sulla strada, dovevamo dirigerci per forza da quella parte".

"Ma quanto manca per arrivare?" borbottò sommessamente mio fratello "... perché oltre ad essere molto stanco, comincia a venirmi anche un po' di paura... lo sapete che di notte escono animali molto pericolosi!?".

"Tranquillo!" gli dissi io "Sono sicuro che tra non molto saremo in vista della strada. Tu stammi vicino, non ti staccare mai da me, vedrai che tutto andrà bene!... Hei Denny..." aggiunsi poi "...ce la fai a guardare davanti e nello stesso tempo tenere sott'occhio la bussola e la mappa?"

"beh in effetti non è semplice... facciamo così allora: tu Mauro ti porterai in testa e con la mia torcia farai da apripista, mentre io ti starò dietro, dirigendo i tuoi paesi con l'aiuto di mappa e bussola. Che ne dici? Te la senti?".

"Certamente! È quello che volevo proporti anch'io!... bene... SI PARTE!!!" Gridai, con la potente torcia di Danny in una mano e il machete nell'altra, sperimentando una sconosciuta sensazione di onnipotenza.

Quella lenta processione in mezzo alla fitta vegetazione, nell'oscurità più totale, rotta unicamente dal fascio di luce della torcia, durò per circa un'altra ora, poi a un tratto, illuminai due occhi rosso fuoco.

Erano quelli di un canide molto simile a una iena che mi ritrovai davanti a circa tre o quattro metri al massimo.

Fermo nel centro del viottolo, con lo sguardo rivolto verso di me ringhiò minaccioso facendomi vedere tutti i denti di cui era in possesso.

"GRAOONNNNN" gli risposi io con un tono di voce molto più alto del suo, forte di quel mio nuovo stato d'essere.

Il canide mi guardò socchiudendo quella sua boccaccia e poi si voltò per sparire nel buio.

"Per tutti i Paperi dell'universo!" disse subito dopo Danny riprendendosi dallo spauracchio "...se ci fossi stato io lì davanti, non so proprio come avrei reagito!".

"Già" pensai tra me un po' incredulo anch'io.

"Ma che animale era?" mi chiesero gli altri due che si erano tenuti un po' a distanza.

"Non lo so proprio" risposi "sembrava un grosso cane con rabbioso!"

Pochi minuti dopo raggiungemmo finalmente la strada e lì esultammo in coro tutti assieme per la gioia, saltellando sul solido, accogliente e rassicurante manto stradale.

"Riconosco questa strada!" disse subito dopo Alex osservando la strada illuminata da un cielo stellato.

"Non siamo molto lontano da casa mia!".

"Che vi dicevo?" esultò Denny " Siamo sbucati proprio dove avevo previsto!".

"Silenzio!" chiese Alex "Sì, non mi sbaglio, sta arrivando una macchina e dal rumore, potrei scommettere anche che è un P.K!".

Subito dopo i possenti fari di un grosso veicolo si avvicinarono prepotentemente a noi, illuminando tutta la strada, seguiti dallo stridere di una brusca frenata.

Dal mezzo fermo a una decina di metri da noi scese un uomo di cui al momento non ci riusciva ancora a distinguere bene per via dei fari puntati sugli occhi.

"RAGAZZI?! Che ci fate ancora in giro a quest'ora?!" disse questo signore, con una voce familiare. Era il papà di Alex che stava rientrando dal lavoro proprio in quel momento.

"Ma voi non dovreste già essere a casa? Non vi rendete conto che è pericoloso girare per strada con il buio? Ma dove avete la testa, INCOSCENTI!!" ci sgridò.

"...Ma papà..." borbottò Alex "... posso spiegarti!!!".

"Avanti... avanti... intanto salite che vi porto subito a casa prima che tua madre comincia a dare i numeri. Poi mi racconterete. Sono proprio curioso di sentire che frottole avete da raccontare e spero per voi che siano mooolto convincenti!".

A quel punto, non avevamo altra scelta che raccontare tutta la verità sulla nostra giornata, cosa avremmo potuto inventarci per spiegare il fatto che a sera inoltrata eravamo per strada a qualche chilometro a nord dalla casa di Alex?... senza contare che era nostra intenzione denunciare quei loschi cinesi del capanno... ce ne restammo tutti e quattro in silenzio lungo il tragitto, come se ognuno di noi fosse alla ricerca delle parole più adatte.

Dopo un po' una brusca frenata e lo spegnimento del motore furono gli inequivocabili segni che eravamo giunti a destinazione...

Io non c'ero ancora mai stato a casa di Alex e in quel momento capii perché lui e la sua famiglia avevano tanta premura a richiedere una sistemazione al villaggio. Quel posto era veramente opprimente. Oltre ad essere lontano dalle altre famiglie Italiane, era anche scomodo per raggiungere il più vicino paese cinese.

"GIORGIO! GIORGIO!" gridò la mamma di Alex accorrendo fuori casa "... i ragazzi... non sono ancora rientra..."

L'ultima parola le rimase strozzata in gola, nel vedere che eravamo lì, davanti a lei.

"Ma... da dove saltate fuori??".

"Li ho raccolti per strada..." le disse il marito "... su, entriamo, ci spigheranno loro stessi perché erano là e spero che siano abbastanza convincenti, altrimenti stavolta credo proprio che non se la caveranno con una semplice ramanzina!".

"Semplice ramanzina?!" Pensai tra me, già rassegnato a prendere una serie di cinghiate dal papà.

"Allora?!" disse il padre di Alex accomodandosi su una sedia.

Noi quattro ci guardammo negli occhi restando ancora in silenzio, nessuno aveva coraggio di prendere parola, fu Alex alla fine a decidersi.

Raccontò tutto d'un fiato ciò che ci era successo durante quella lunghissima giornata, avendo cura di non tralasciare nessun particolare soprattutto della parte in cui eravamo al capanno.

La madre di Alex ascoltò il racconto con un'espressione visibilmente preoccupata, mentre suo padre diveniva sempre più serio a ogni parola.

"Adesso basta!" Disse con voce grossa alzandosi dalla sedia "...ho sentito abbastanza... Vi rendete conto del pericolo che avete corso? Perché avete fatto tutto di nascosto?! Se vi fosse successo qualcosa di grave come vi avremmo trovato?! Non posso far finta di niente... è troppo grave quello che avete fatto, mi dispiace ma mi vedo costretto a dire tutto ai vostri genitori!".

"Non ho ancora detto tutto..." disse Alex tirando fuori il Buddha dallo zainetto... "...questo lo abbiamo preso da una di quelle casse come pegno per lo smacco subito... "

Appena Alex la appoggiò sul tavolo, la statua lasciò tutti a bocca aperta compreso me... là nel capanno non mi ero certo soffermato a guardarla ma in quel momento mi resi conto del suo splendore.

Alta all'incirca cinquanta c.m. raffigurava un Buddha su di una nuvola, con ai piedi due splendidi cigni e nel palmo delle mani due piccoli esseri alati. Aveva come occhi due pietre rosso fuoco che brillavano in modo sorprendente.

Un esterrefatto Giorgio si avvicinò alla statuetta e solo dopo averla ammirata per bene, ebbe il coraggio di ammettere che era davvero splendida.

"Questa statua deve valere una fortuna! È certamente ricavata da un unico blocco di Giada e i suoi occhi... potrei giurare che si tratta di due rubini!... assomiglia a quella... un momento..." disse poi precipitandosi in un'altra stanza per fare poi ritorno pochi secondi dopo con una rivista in mano.

"Non c'è alcun dubbio, è proprio lei! Guardate..." disse porgendoci il giornale "... mi sembrava di averlo già visto quel Buddha... fa parte della collezione di opere del monastero Buddista di Lishang! ...ma se si trovava in quel capanno, vuol dire che è stata rubata!"

"E ora che si fa?" chiedemmo in coro.

"Andrò subito in paese a sporgere denuncia... in quanto a voi... faremo i conti al mio ritorno! "

Non sapevo ancora se la nostra sincerità ci avrebbe ripagato, io al momento ero solo molto preoccupato per la punizione che mi sarebbe toccata appena mio papà fosse stato messo al corrente di quanto successo.

Il papà di Alex fece ritorno nel giro di un paio d'ore, accompagnato da due poliziotti. Noi avevamo appena cenato e ci stavamo preparando per la notte.

"Ragazzi presto, venite di qua con la statua!" disse ad alta voce dal salotto.

Eseguimmo immediatamente l'ordine, porgendo il Buddha ai poliziotti. Questi, dopo averlo visionato nei minimi particolari, cominciarono a dialogare tra di loro in cinese e poi in inglese con Giorgio.

"...chiedono se c'erano anche altre statue..." ci riferì Giorgio.

"Si!" rispondemmo assieme "...in quel capanno, c'erano diverse casse, almeno quattro o cinque ancora sigillate. Noi ne abbiamo aperto solo un paio in cui c'erano altre statue e anche dei vasi colorati!".

Giorgio si rivolse ai due agenti e tradusse quanto detto.

"...sareste in grado di fornire ai poliziotti qualche indicazione sul luogo in cui si trova il capanno?"

"Ma certo!" dissi io "...Denny, se non sbaglio hai segnato il luogo sulla mappa!".

"Sì, esatto! Rispose precipitandosi a prendere la mappa dal suo zainetto. "Ecco il punto esatto!" concluse, indicando una X che aveva disegnato con il pennarello rosso.

Gli agenti presero la mappa e se la misero in tasca, fecero un inchino a mani giunte in segno di saluto e poi, senza dire altro si precipitarono all'uscita.

"Vuoi vedere che alla fine la vostra bravata potrebbe aver dato una svolta significativa alle indagini che da qualche tempo stavano conducendo per prendere una banda specializzata in furti di opere d'arte? I poliziotti mi hanno raccontato che ultimamente sono spariti parecchi oggetti di valore nelle Pagode e nei monasteri dell'isola e sono preoccupati di non riuscire a rintracciare i responsabili prima che questi vengano rivenduti chissà dove. Questo sarebbe un vero peccato e non solo per il valore economico di quegli oggetti, ma anche e soprattutto per il loro valore culturale!"

"Speriamo che quei delinquenti non abbiano già fatto sparire le casse dal capanno... si saranno preoccupati una volta accorti della nostra fuga!" disse Alex.

"Speriamo!... ora andate a riposare, domattina dovrò recarmi al cantiere e ne approfitterò per accompagnarvi a casa!" rispose Giorgio.

"... ma... cosa dirà ai nostri genitori?!" chiese timidamente mio fratello.

"... dovrò dire come sono andate le cose... è giusto che sappiano, vi siete comportati da veri incoscienti! Dovreste ringraziare la vostra buona stella se siete qui, sani salvi!" concluse abbandonando la stanza.

"... Si, si, OK..." ci disse Denny "È andato tutto bene, no?... che senso ha ora stare qui a tormentarci su quello che sarebbe potuto succedere? Ragazzi, è stata o no una giornata memorabile come vi avevo promesso?"

"Su questo non ci sono dubbi!" concordò Alex "...questa giornata rimarrà nei nostri ricordi per tutta la vita... chissà, magari un domani la racconteremo ai nostri figli, vantandoci di avere fatto catturare una pericolosa banda di trafficanti!".

Fu davvero una giornata memorabile quella, e non solo per le avventure che abbiamo vissuto, ma anche e soprattutto per la metamorfosi che mi ha visto partecipe.

Il Mauro pieno di paure e di insicurezze era rimasto al di là di quel fiume lasciando il posto ad una persona nuova.

Mi tornarono in mente le parole del Kope quel giorno sull'argine: "...Tra non molto ti ricongiungerai alla tua famiglia. Vivrai un periodo molto felice in un luogo lontano. Acquisterai gradatamente fiducia in te stesso arrivando ben presto anche al giorno in cui, riuscirai a sconfiggere il nemico che ti sta tormentando l'animo. Il tuo rapporto con gli altri migliorerà moltissimo e la tua vita scorrerà via felice e serena ma... 10 luglio 1972..."

... 10 luglio 1972... Chissà cosa mi sarebbe successo se non fossi riuscito a convincere la mia famiglia a tornare a casa prima di allora! Quel dubbio mi accompagnò fino a mattina, quando la madre di Alex ci svegliò alzando la tapparella della finestra.

"Ragaziiii... mi rincresce interrompere il vostro riposo, ma di là è già pronta la colazione!".

Facemmo colazione tutti assieme e poi Giorgio ci invitò a salire sul suo P.K. per accompagnarci a casa.

Uno per volta ci affrettammo a congedarci dalla mamma di Alex, ringraziandola per la sua ospitalità ma quando fu il mio turno la sua mano mi prese per un braccio, trattenendomi.

"Senti Mauro..." mi disse quasi commossa "...non so come ringraziarti per aver aiutato Alex a fuggire da quel capanno! Non oso pensare a cosa sarebbe potuto accadere se tu te ne fossi andato!"

Io non seppi come risponderle, imbarazzato com'ero, per fortuna s'intromise la sorellina di Alex che strattonandomi i calzoni mi chiese se le avrei insegnato a giocare a calcio un giorno, visto che secondo suo fratello ero un vero maestro.

"Si certo!" le risposi ben felice di quel repentino cambio di argomento.

"Quando verrete ad abitare al villaggio, tu ed io passeremo tutto il tempo che vorrai al campetto. Va bene?".

Salutai Alex e poi raggiunsi gli altri in macchina pronti per partire verso il villaggio.

"Hei, ci vediamo oggi?" chiesi ai miei compagni di avventure.

"Ragazzi..." disse il padre di Alex ancora prima che gli altri avessero il tempo di rispondere "...per qualche giorno Alex se ne resterà a casa... poi ne discuterò al cantiere con i vostri papà, i quali naturalmente saranno liberi da decidere per conto proprio, però credo che la vostra incoscienza debba essere punita in qualche modo!"

Nessuno ebbe il coraggio di controbattere e per tutto il resto del tragitto regnò sovrano un imbarazzante silenzio.

Non erano ancora le 7 del mattino quando il padre di Alex ci scaricò all'inizio del salitone che portava alle nostre case e mentre lui, dopo averci salutato, invertiva la marcia per recarsi alla diga, noi tre fummo letteralmente travolti da Kiko il quale, sbucato fuori all'improvviso da chissà dove, ci diede il suo caloroso bentornati, saltandoci addosso e leccandoci come fossimo dei dolci biscotti.

Ci volle non poco per riuscire a calmarlo, dopodiché ci incamminammo su per la salita con lui che proprio non ci voleva mollare.

Arrivati davanti a casa, io e mio fratello, stanchi e assonnati, bussammo alla nostra porta.

"Ohhh... ecco di ritorno i 'signori avventura'..." disse con tono ironico nostra sorella aprendoci la porta.

La mamma la raggiunse in entrata accogliendoci con un sorriso.

"Buongiorno! Su, entrate, vi preparo la colazione?"

"No grazie, abbiamo già mangiato da Alex!" disse mio fratello.

"Allora... vi siete divertiti? Ne è valsa la pena? Vi vedo alquanto provati, chissà che non vi sia passata la voglia!".

"In effetti..." le risposi io "Siamo molto stanchi, stanotte abbiamo dormito poco, ti dispiace mamma se ce ne andiamo a letto?".

"Ecco!!" disse la sorella "...adesso non posso neanche fare le mie faccende di casa perché i signori qui devono riposare. Ma non crediate che ve la sistemi oggi pomeriggio la vostra stanza, perché ho anch'io i miei impegni!!".

Quali fossero poi i suoi impegni non l'ho mai saputo, visto che era sempre a casa con la mamma ad annoiarsi a morte.

"Lascia stare..." le disse la mamma "Per una volta la camera può anche restare così. Ci penserò io stasera semmai. Voi andate pure, non vi disturberemo!!".

"Perché non abbiamo detto niente alla mamma?" mi chiese il fratello appena ci ritrovammo soli.

"Non lo so. Al momento non sapevo proprio cosa dire. Stasera in presenza anche del papà, ne parleremo. Ora dormiamo un po', non hai sonno tu?" chiesi infine senza però ottenere alcuna risposta, visto che era già partito per il mondo dei sogni...

"Ragazzi, SVEGLIA!!! È quasi l'una, il papà è stranamente tornato per il pranzo (perché solitamente mangiava qualcosa alla mensa della diga) e chiede di voi. Secondo me, a giudicare dalla faccia che aveva... vi conviene scappare dalla finestra... EH EH EH"

"HAI, HAI!!" disse il fratello guardandomi "Ci risiamo con la cinghia!!".

"ARRIVIAMO!!" dissi con tono deciso mentre uscivamo dalla nostra stanza.

"Sedetevi." ci disse il papà mentre si slacciava la cintura dei calzoni.

La mamma, spaventata, gli corse incontro per cercare di fermarlo, ben sapendo cosa succedeva in quei momenti.

"Tranquilla..." le disse lui con un mezzo sorriso "...mi voglio solo togliere i calzoni sporchi di cemento per mettermi comodo sulla poltrona... stavolta gliele risparmio... ma non crediate di passarla liscia lo stesso..."

"COSA?" disse lei incredula "... vuoi spiegare cosa diamine succede?".

"... non ti hanno detto ancora niente loro?" indicandoci con il capo mentre si sedeva.

Noi non sapevamo ancora se rimanere buoni buoni lì ad ascoltare o invece correre al riparo sotto le coperte del nostro lettone.

"Allora? Qualcuno mi spiega cosa diamine succede!?" chiese di nuovo la mamma.

"... succede che i nostri figli domani, saranno sulla prima pagina di tutti i quotidiani dell'isola!"

"Ma... come... perché, cosa hanno combinato questa volta?!!" gli chiese intimorita temendo il peggio .

"OHH niente di straordinario... hanno 'solamente' permesso alla polizia locale di arrestare una pericolosa banda di trafficanti di opere d'arte!".

"Li hanno già presi?" chiesi io riuscendo finalmente ad aprire bocca.

"Si" rispose. "In tarda mattinata la polizia ci ha fatto visita al cantiere per informarci degli sviluppi. Grazie alla vostra segnalazione i poliziotti hanno rintracciato il casolare in cui nascondevano tutta la refurtiva e li hanno beccati in fragrante. Io e Giorgio, che mi aveva già raccontato tutto, abbiamo anche sporto denuncia per sequestro di persona... c'è da stare certi che quei delinquenti avranno ciò che si meritano perché qui in Cina non scherzano in fatto di giustizia!".

La mamma, sentendo parlare di delinquenti e sequestri di persona iniziò ad agitarsi, così il papà le raccontò per filo e per segno ogni cosa.

"Ho ricevuto personalmente i ringraziamenti dal capo della polizia per l'aiuto ricevuto e non è tutto!" disse poi prendendo qualcosa dal taschino della camicia. "Guardate. Questa è una tessera firmata nientemeno che dal ministro della cultura di Formosa in persona, che permette a tutti noi l'entrata libera in tutti i musei, monasteri o pagode che vogliamo visitare durante tutto il tempo della nostra permanenza nell'isola!".

"Allora per stavolta non ci metti in punizione" chiese mio fratello.

"Una bella sgridata per i rischi che avete corso non ve la leva nessuno ma intanto... venite, fatevi dare un abbraccio, sono orgoglioso di come vi siete comportati. Non è da tutti sfidare il pericolo per aiutare gli amici! Mi raccomando però, basta con questi colpi di testa. Vi prego, statevene tranquilli almeno per un po'. Me lo promettete!?".

"Hei papà..." disse il fratello tutto eccitato dagli eventi" ma tu lo sai che Mauro oltre a essere un eroe è anche un veggente? Se glielo chiedi, ti può anche dire quello che succederà a venire!".

"Lascia perdere, stai zitto!" gli dissi dandogli uno spintone.

"Sì, si è vero!" continuò lui " ...se non fosse stato per una visione, adesso staremo piangendo la morte di Denny o la sua, sfracellati nel fiume!".

"Cosa diavolo stai dicendo?" lo interrogò il papà.

A quel punto, mio fratello gli raccontò quello che era successo alla funivia.

"È vero?!" Mi chiese.

"Sì..." risposi "non so spiegarti cosa sia successo in quel momento... anzi... lo so..." continuai pensando che fosse arrivato il momento di raccontare del mio strano incontro col Kope e della sua rivelazione.

"Voi sapete chi è il Kope, no?".

"Certo... è l'ubriacone del paese. Ti ha forse fatto del male?" mi chiese la mamma.

"No, no, lasciami andare avanti..." le dissi.

E così, avendo tutta la loro attenzione, raccontai quello che mi aveva detto quel pomeriggio riguardo al lungo viaggio che avrei fatto per raggiungere la mia famiglia e... quella data... 10 luglio 1972...

"Ehhh Mauro..." disse il papà dopo avermi ascoltato attentamente "... e sì che non sei più un bambino... come hai potuto lasciarti suggestionare in quel modo da quel tipo? Ti ha preso in giro, non te ne rendi conto?...".

"No, affatto! ...devo ammettere che anch'io inizialmente nutrivo forti dubbi, ma ieri ho avuto la prova che è tutto vero!".

"Che cosa vuoi dire?".

"... in quel momento di pericolo là nel fiume, all'improvviso mi è apparso il suo volto e subito dopo ho vissuto nella mia mente la scena dell'incidente con la fune che si spezzava ed io che precipitavo, proprio come se stessi guardando un film! Per questo abbiamo fatto una prova con i massi, lo sapevo che la fune non avrebbe retto! Lo avevo visto!"

"Ti rendi conto dell'assurdità che stai dicendo?" mi chiese dopo un attimo di smarrimento.

"Non sono assurdità, papà! Sono cero che in qualche modo il Kope voglia proteggermi ed... è stato molto preciso su questo... se non voglio che la linea della mia vita si spezzi... dovrò tornare a casa prima del 10 luglio prossimo!"

"Ah, questa è bella!" Disse "...posso tornare al lavoro ora!?... ne ho sentite abbastanza di sciocchezze per oggi!" disse infilandosi i pantaloni e aprendo la porta per uscire.

Non ci credeva affatto a quella rivelazione, dopotutto anch'io stentavo a crederci all'inizio...

"Mamma... che ne dici? Pensi che prima di quella data potremo tornare in Italia?" le chiesi subito dopo.

"Noo" rispose decisa "Il contratto di tuo padre scade a giugno del '73 e non può lasciare la diga prima di allora, in caso, saremmo costretti a pagare una bella penale, e non ci rimborserebbero nemmeno le spese del viaggio! No, caro Mauro, credo proprio che saremo ancora qui il prossimo luglio... ma su, dai..." disse poi vedendomi più che pensieroso "... stai sereno! Non puoi credere a quello che ti ha raccontato quell'ubriacone. Quello che ti è successo è solo una coincidenza o frutto della suggestione! Vedrai che tutto andrà per il meglio e non succederà niente!"

"VEDREMO!" le risposi.

Fui molto deluso dalla reazione dei miei genitori a quel mio racconto, sapevo che non avrebbero creduto a una sola parola, lo dissi dal primo momento al Kope... ma speravo fossero un po' più comprensivi!

I giorni successivi alla nostra grande avventura furono per noi ragazzi un susseguirsi di complimenti sia da parte degli italiani, che dai cinesi, per ciò che avevamo fatto e noi, naturalmente, ci godemmo appieno quel momento di popolarità.

Proprio in uno di quei giorni un cinese, che era alle dirette dipendenze del papà, ci invitò a far visita a un'importante monastero per farci vedere con i nostri occhi come i monaci Buddisti creavano quei capolavori che abbiamo contribuito a salvare.

Tutti noi accettammo volentieri l'invito.

Il giorno stabilito fu la domenica successiva. Quel mattino era grigio e umido, il cielo minacciava pioggia da un momento all'altro e noi eravamo molto incerti se partire per la nostra gita o rimandarla a un'altra occasione. L'amico cinese però, in perfetto orario, si presentò alla nostra porta.

"Buongiolno! Si palte tla cinque minuti, Wang qui vi falà da guida!". Ci disse con tono allegro.

"Ma..." borbottò la mamma rivolgendosi al papà "...con questo tempo?! Non potevamo rimandare?".

"SENTITE" replicò deciso il papà avvicinandosi a noi per non farsi sentire dall'amico "Wang ha già organizzato tutto, mi ha anche chiesto se ci va di fermarci a vedere casa sua che è sulla strada e posso garantirvi che in questo momento tutta la sua famiglia è in totale fermento per quest'occasione. Non possiamo rimandare tutto all'ultimo momento solo per qualche nuvola, ne resterebbero certamente molto delusi se non addirittura offesi! Ma poi scusate, cosa cambia anche se dovesse piovere?! Non dobbiamo mica andarci a piedi. Siamo su un comodo pulmino!".

"Ma sì, mamma, dai andiamo. Altrimenti cosa facciamo tutto il giorno rinchiusi in casa?" dicemmo noi figli tutti d'accordo.

"Va bene, va bene, ho capito. Andiamo allora!" disse a quel punto una rassegnata mamma, che non era per nulla convinta all'idea di partire. Prese un paio di pesanti borse e in men che non si dica ci riunimmo tutti fuori di casa, davanti alla porta del pulmino che la ditta ci aveva gentilmente messo a disposizione.

Un Wang visibilmente emozionato, ci salutò di nuovo con un inchino e ci invitò a prendere posto. Fu proprio lui a condurre il pulmino per diverse ore, con una guida non proprio da manuale, in mezzo alle montagne, tra vallate e picchi improvvisi, in un continuo sali e scendi con curve e bruschi tornanti.

A un certo punto, dopo aver superato l'ennesimo picco, ecco che l'oscurità della foresta svanì improvvisamente, facendo spazio a un panorama mozzafiato in cui il protagonista assoluto era l'oceano.

"Wuaoooo!!" dicemmo tutti in coro, come se ci fossimo messi d'accordo.

"Papà, papà! Chiedi a Wang se ci porta al mare a fare un bel bagno!".

"Non è il mare!!" rispose " Si tratta dell'oceano Pacifico, le sue acque sono molto fredde e poi non abbiamo nemmeno il costume con noi!".

"Dai papà!!" lo implorammo insieme io e mio fratello "... ti prego, ci bagnamo solo i piedi!".

Wang non parlava bene l'italiano ma capì ciò che stavamo chiedendo, infatti, rivolgendosi al papà gli chiese in inglese se desideravamo andare a vedere l'oceano.

"Siiiiii" urlammo io e mio fratello insieme, avendo sentito pronunciare la parola "Ocean" ... e avevamo capito giusto perché appena superata la collina, Wang imboccò una strada che in breve ci portò all'oceano.

Wang arrestò il pulmino alla fine di una stradina sterrata a ridosso della grande spiaggia.

Subito tutti noi ci affrettammo a scendere, il papà si armò prontamente della sua inseparabile macchinetta fotografica per immortalare quel posto che era bello da mozzare il fiato.

Nessuna foto però sarebbe riuscita a rendere giustizia... eh si.....come può una semplice foto far sentire il profumo della salsedine o udire il rumore delle enormi onde di quel giorno, le quali rigavano l'oceano blu con delle linee biancastre e schiumose. E come può una foto far percepire il tocco tiepido del vento sulla pelle? Ma, soprattutto... come può rendere appieno il calore del sole, che finalmente aveva avuto la meglio sui nuvoloni e illuminando la sabbia finissima con i suoi raggi, la faceva scintillare come fosse una distesa di polvere d'oro?

Era un posto davvero incredibile, ma nonostante la sua bellezza quel giorno era quasi deserto, si vedevano in lontananza soltanto tre donne che passeggiavano sul bagnasciuga mentre due bambini piccoli giocavano con la sabbia vicino a loro.

"Dai, che aspettiamo?!" dissi al fratello.

In un attimo eravamo già con le scarpe in mano, in corsa verso l'oceano.

Quel momento lo ricorderò per tutta la vita, nonostante la temperatura esterna fosse più che gradevole, appena i nostri piedi toccarono l'acqua, immediatamente li ritirammo avendo come la sensazione di averli immersi nel ghiaccio.

"Eh eh eh " sorrise il papà "Che vi avevo detto? È o non è fredda?!".

Altroché se lo era, quasi più di quella del fiume! Ma non potevamo certo rinunciate all'occasione di fare il bagno nell'oceano, infatti, dopo un'occhiata d'intesa, senza dire niente, io e mio fratello, ci spogliammo in mutande per poi tuffarci, un secondo dopo, nelle fredde acque.

Dopo un attimo di stordimento, dovuto all'impatto gelido con l'acqua, mi ripresi immediatamente e cominciai a nuotare freneticamente tra le alte onde (anche per riuscire a scaldarmi), seguito a stento dal fratello, mentre dalla spiaggia la mamma ci urlava di non allontanarci.

Io già allora ero un provetto nuotatore, avendo imparato nella dura scuola del fiume Adige, ma mio fratello era ancora alle prime armi e non gli riusciva proprio di starmi dietro.

Non mi sembrava di avere fatto molte sbracciate quando mi soffermai per guardare verso la spiaggia e controllare a che punto fosse mio fratello. Non pensavo davvero di essermi allontanato tanto in così breve tempo, ma riuscivo a malapena a vedere la spiaggia e solo a intervalli, quando sopraggiungeva un'ondata che mi sollevava.

Mi guardai attorno, preoccupato, ma di mio fratello non c'era traccia... ricordo ancora la sensazione di panico che provai.

Provai a chiamarlo, ma niente... nessuna risposta!

Provai ad allungare il collo più che potevo per vedere la spiaggia ma di lui non c'era traccia, si vedeva solo la mamma che passeggiava nervosamente con a fianco mia sorella e mio padre che chiacchierava con Wang.

Temetti per il peggio.

Freneticamente cominciai a cercarlo sott'acqua, nuotando verso riva. Feci un breve tratto, poi risalii per riprendere fiato e quindi sotto un'altra volta. Non so quante volte mi sono immerso, quei momenti mi sembrano lunghi un'eternità. Finalmente, quando stavo per ritornare in superficie, lo vidi sott'acqua che annaspava per tentare di salire a galla.

Con uno scatto poderoso lo raggiunsi allungandogli la mano e lui per fortuna, ancora cosciente, la afferrò al volo riuscendo così ad avere la meglio sulla forza delle onde.

"MALEDIZIONE!!! Perché mi hai seguito?" Lo rimproverai, rendendomi conto nello stesso tempo però che la colpa era anche mia che non mi ero affatto curato della sua incoscienza e incapacità nel nuoto.

"Dai torniamo alla spiaggia subito e mi raccomando non dire niente ai nostri genitori, non voglio rovinare a nessuno questa bella giornata!" gli raccomandai.

"Ok" rispose lui, ancora sotto shock.

Lo aiutai a nuotare fino a riva, dove ci attendeva la mamma con i nostri abiti in mano.

"Vi siete tolti la soddisfazione ?!".

"Certo, almeno al nostro ritorno in Italia potrò dire di avere fatto il bagno nell'oceano Pacifico! Non credo che ci capiterà mai un'altra occasione come questa, se non l'avessimo fatto, so che lo avremmo rimpianto per sempre!..." risposi, come se nulla fosse successo... " sono altrettanto certo che questa esperienza ce la ricorderemo per tutta la vita, non è vero!!?" aggiunsi guardando fisso negli occhi mio fratello.

"Altroché!" rispose lui "...non so come ringraziarti fratellone per... aver fatto il bagno con me!"

"Mah..." brontolò la mamma mentre si voltava per tornare verso il pulmino "... Contenti voi!!!".

"OK" disse il papà "Adesso che ci siamo riposati un pochino direi che è arrivato il momento di riprendere la nostra gita, tutti a bordo! Arriveremo a destinazione giusto giusto per l'ora di pranzo, così potremo mangiare in mensa con i monaci... sperando che non abbiano fatto voto di digiuno!" disse in fine un po' preoccupato visto che per lui il cibo era un qualcosa di sacro ed irrinunciabile.

Ci vollero altre due ore di strada su e giù per le colline, prima di arrivare in una bellissima vallata.

Wang proprio lì arrestò il pulmino per permetterci di scendere e ammirare il panorama nella sua totalità.

In lontananza si vedeva un piccolo paesino e sulla sua destra, sotto un monte, il monastero che non era certo come lo immaginavo... era sì di grandi dimensioni, ma nulla in confronto alle ricche e maestose Pagode che avevo visitato in altri luoghi. Tutto intorno alla costruzione, a delimitare il possedimento che includeva un grande parco, serpeggiava tra i verdi campi una massiccia muraglia che doveva essere servita in passato per difendere i monaci e i loro protetti dagli invasori.

Ci avvicinammo col pulmino fino ad arrivare davanti ad un massiccio portone di legno sulla muraglia, tutto intarsiato e adornato con sottili lamine di rame luccicante.

Wang bussò a una porticina accanto e dopo alcuni minuti venne ad aprirci un omino anziano con barba e capelli bianchi, vestito con una tonaca color bordò che lo ricopriva fino ai piedi.

Wang parlò brevemente con lui, e poi ci invitò a entrare.

Appena varcata la soglia, ci ritrovammo in un grande parco che ci lasciò tutti a bocca aperta!

Tutto era perfettamente curato nei migliori dei modi anche nel più piccolo dei particolari, nemmeno una foglia era fuori posto.

C'era un laghetto pieno di stupendi fiori bianchi e gialli e delle piccole e deliziose casette di legno, che sembravano galleggiarvi. Le casette erano dipinte con diversi colori e ognuna era collegata alle altre tramite dei piccoli pontili ad arco, anch'essi di legno.

"Che ne dite?" ci chiese il papà mentre assorti stavamo tutti seguendo in religioso silenzio il monaco che ci guidava nel parco attraverso un sentiero che costeggiava il laghetto.

"È davvero tutto magnifico!" disse la mamma "Ne è valsa sicuramente la pena venire fin qui, ti prego riferiscilo anche a Wang!"

Era davvero un posto magico, sembra un piccolo paradiso tagliato dal resto del mondo".

"Allora..." ci disse il papà dopo aver parlato brevemente con Wang "... il nostro amico qui, mi sta spiegando che quelle casette là nel laghetto, non sono vere e proprie abitazioni ma sono dei laboratori in cui i monaci svolgono diverse attività artigianali. Wang mi ha promesso che poi ci porterà a visitarne alcune, ma per il momento stiamo andando verso il loro luogo di culto, dove proprio ora sono riuniti in preghiera. Lì il monaco ci presenterà al loro capo spirituale e con lui andremo tutti assieme a visitare il resto".

"E per il pranzo?" chiese mio fratello " ...avevi detto che avremo mangiato qui con loro!".

"Ehhhh, per quello temo che siamo arrivati troppo tardi, mangeremo appena possibile i panini fatti da tua mamma. Ma non preoccupatevi! Appena finito il giro turistico nel monastero, partiremo immediatamente verso la casa di Wang, dove sono certo che potremo rifocillarci alla grande!"

Arrivammo ai piedi della chiesa, che aveva l'aspetto esterno di una semplice grande casa, poi, però, una volta dentro, dovetti ricredermi.

Il luogo era avvolto dall'oscurità quasi totale l'unica luce che riusciva a illuminare l'ambiente, a parte quella dei ceri accesi, era quella del sole che filtrava da due grandi finestre poste ai lati, le quali avevano delle stupende vetrate decorate da disegni di vari colori.

Non c'erano panche o sedie come nelle nostre chiese, solo dei cuscini distesi a terra sui quali erano inginocchiati i monaci in preghiera, uno in fianco all'altro, in semicerchio, rivolti verso una grande e stupenda statua del Buddha.

L'atmosfera era davvero molto mistica.

Il monaco che ci aveva accompagnati lì andò a chiamarne un altro, che aveva tutta l'aria di essere il capo spirituale che cercavamo, il quale si avvicinò a noi e ci diede il benvenuto parlando la nostra lingua, anche se non in modo preciso.

"Molto onolato di vostla visita!" Ci disse, facendoci un inchino con le mani giunte. Wang ci suggerì di ricambiare il saluto seguendo il suo esempio.

"Parla italiano?" gli chiese il papà.

"Solo poco poco..." rispose lui molto affabilmente con un grande sorriso. Cercò di farci sentire a nostro agio accogliendoci come dei vecchi amici che non vedeva da tanto tempo infatti non avevamo affatto l'impressione di essere al cospetto di una persona importante.

Col sorriso sempre ben stampato in viso ci fece cenno di seguirlo fuori da quel luogo di culto, così avremmo potuto dialogare senza disturbare i monaci in preghiera.

Ci fermammo poco dopo su alcune panche immerse nel verde, all'ombra di alcuni alberi maestosi. Fu qui che mio padre, con l'aiuto di Wang, fece le dovute presentazioni.

"Questa è mia moglie e questi sono i miei ragazzi... noi siamo di Verona, nord Italia..."

"VELONA?! Ahhh... tella di Lomeo and Giulietta. Io conosco bene sua stolia!" ci rispose.

Iniziammo a parlare del più e del meno, approfittando della sosta anche per saziarci con le cibarie portate dalla mamma, poi, con mia grande soddisfazione, riprendemmo il giro turistico diretti verso quelle curiose casette che avevo notato all'inizio.

Nella prima vi trovammo un monaco che sistemava delle piccole pietre colorate su dei pannelli, creando dei meravigliosi paesaggi.

Era una specie di pittore, solo che invece dei colori, usava vari tipi di pietra di cui modellava forma e dimensione scolpendone i bordi con un martelletto apposito. Era stupefacente il modo in cui armeggiava con quegli attrezzi, sarei rimasto a osservarlo per ore!

Nella seconda c'era poi un vero e proprio pittore che dipingeva vasi, anfore, piatti e zuppiere in ceramica provenienti da un'altra di quelle casette.

"Immagino che queste opere abbiano un notevole pregio e che frutteranno parecchio ai monaci". Chiese il papà.

"Oh no..." rispose il capo spirituale "...non facciamo pel soldi!"

Ci spiegò poi che alcuni dei loro lavori venivano ceduti in cambio di cibo o di offerte per fare andare avanti il monastero, ma la maggior parte delle opere andavano a finire nelle Pagode o nei musei per fare in modo che tutti potessero ammirarle.

"Fale opela è come fale pleghiera a Buddha. Quello che noi monaci cleiamo con pietla, con cololi o legno, sono nostle visioni mistiche!" Concluse il monaco, guidandoci verso le altre casette.

L'ultima che visitammo fu anche quella che colpì più il papà e in particolar modo la mamma. Era quella in cui si lavorava il legno.

Non era un ambiente molto grande, ma era pieno di cataste di assi di legno quasi nero ancora grezze tra cui spuntava un tipo mingherlino con gli occhiali che lavorava su di un tavolino basso, con uno scalpellino e un martello in mano anch'essi di legno. Addossati a una parete, c'erano poi dei mobili già finiti. Furono proprio questi ad attirare l'attenzione di mia madre, in particolare le piaceva uno scrittoio con molti cassettini che si notavano appena, talmente erano mimetizzati tra gli intarsi e un mobile-bar con lo stesso stile, entrambi di legno d'ebano massiccio.

Il tavolo basso su cui stava lavorando il monaco poi, era davvero un capolavoro. Intagliato meravigliosamente a mano dall'artista, vi erano incise immagini che raffiguravano, ci spiegò il monaco, il luogo ideale in cui passare l'eternità.

"Pensa!!!!" disse la mamma al papà "... che figurone faremo se potessimo esibire questi mobili nel salottino di casa nostra, in Italia".

"Si" rispose " ...ma hai sentito quello che ha detto il monaco per quanto riguarda la vendita... si può provare a chiedere però, non si sa mai!!"

"Credi che sia possibile per noi acquistare questi mobili?" chiese gentilmente al monaco.

"...spiacente, come ho spiegato a voi, non vendiamo nostle opere..." rispose lui.

"Capisco... ma non sarebbe una vendita vera e propria, faremo una cospicua donazione al monastero... vorremmo tanto avere dei mobili così belli da portare a casa nostra, in Italia!" spiegò mio papà in un ultimo tentativo di convincerlo.

"Beh, se volete mobili pel voi... pel ammilale in vostla casa... va bene, potete polare via mobili!". Rispose allora con nostra immensa gioia.

Il monaco stesso a quel punto si avvicinò al papà e stringendogli la mano aggiunse: "Linglazio Buddha pel avel condotto fin qui voi e i vostli giovani figli. Questo è senza dubbio suo volele. Poltate mobili in Italia. Folse questo è modo pel fa conoscele nostra fede!".

"Questo io non lo so..." rispose il papà imbarazzato "...posso comunque garantire che questi mobili non finiranno nelle mani di avidi rivenditori e tantomeno in un angolo dimenticato, ma saranno esposti a casa nostra, a disposizione di chiunque vorrà vederli!"

Il monaco dopo aver parlato con l'artista si rivolse di nuovo a noi.

"Monaco Chang acconsente che sue opele vengono con voi. Dice pelò che non poltale via ora pelché ancora deve finire seggiolini".

"Non c'è problema!" rispose il papà " ...anche perché ora non saprei proprio come fare per portarli via. Quando sarà il momento, tornerò con un mezzo appropriato. Grazie infinite, la prego di riferire al maestro che avremo estrema cura delle sue opere!".

Ora, non mi ricordo proprio quale fosse il prezzo che concordarono, fatto sta che non avevo mai visto mia mamma così felice, diede anche un grosso bacio al papà, e questo non era una cosa di tutti i giorni!

E fu così che i miei entrarono in possesso di quei mobili che una volta giunti in Italia, come promesso, vennero esposti nel salotto di casa nostra. Solo per pura curiosità, il papà appena rientrato dalla Cina , chiese a un noto mobiliere del posto di valutarli, sentendosi rispondere che non aveva mai visto nulla di talmente bello e che in pratica non avevano valore poiché un appassionato del genere avrebbe potuto anche pagarli a peso d'oro.

Naturalmente i miei non avevano alcuna intenzione di venderli, anche perché, grazie al cielo non ce ne fu il bisogno e infatti sono ancora oggi in bella mostra nel salottino di mamma, per quanti vogliano bearsi alla loro vista.

Alla fine della nostra visita nelle casette era ormai giunta per noi l'ora di andare via da quel luogo e da quelle gentili persone che avevano avuto il potere di infonderci uno strano e piacevole senso di pace interiore!

Tutti noi eravamo molto dispiaciuti di andar via, ci saremmo trattenuti volentieri ma dopo i saluti e i doverosi ringraziamenti, salimmo sul pulmino e lasciammo il monastero.

Era ormai tardo pomeriggio e cominciava a fare buio, quando Wang arrestò il mezzo davanti ad un casolare isolato, non molto lontano dal nostro villaggio.

"Siamo arrivati alla casa di Wang" disse il papà appena questi scese per farci strada. "Mi raccomando a voi ragazzi, fate buon viso anche se siete stanchi e sforzatevi se sarà il caso, di fare onore al cibo che ci offriranno. Sappiate che hanno fatto dei grossi sacrifici per organizzare tutto al meglio!"

"Sì, si ce l'hai già detto!!!" brontolò mia sorella mentre io e mio fratello per una volta, ce ne restammo in silenzio seguendo i genitori.

Entrammo in una grande stanza senza soffitto, con il tetto sostenuto da travi di legno bene in vista e alle quali erano appesi ovunque arnesi per il lavoro nei campi.

Il pavimento era fatto di mattoni d'argilla. Qualche vecchio mobile addossato a una parete, due grandi finestre che inquadravano un cortile con l'aia e una porta che sicuramente conduceva alle stanze da letto... era davvero una casa umile, tuttavia, il modo con cui l'amico Wang e la sia famiglia ci accolse fu davvero indimenticabile. Non la finivano più di inchinarsi mentre ci invitavano ad avvicinarci a una tavola imbandita con ogni ben di Dio.

Una vecchia signora e altri due uomini che avevano più o meno l'età di Wang (la madre e i fratelli di Wang), ci pregarono di accomodarci su degli sgabelli davanti ad una distesa di ciotole di riso, carne, pane, verdure e pasticcini anche!

Devo dire che, almeno all'inizio, nell'aria c'era una strana atmosfera, da parte nostra perché ci sentivamo un po' in imbarazzo per il disturbo e da parte loro perché volevano fare il possibile per accogliere come si deve degli ospiti tanto graditi. Ci pensò poi Wang a stemperare la situazione dando il via ad una conversazione di gruppo in cui si mescolarono parole d'inglese, di cinese e d'italiano. Fu una situazione davvero molto simpatica e piacevole.

Per quanto riguarda il cibo poi, non ci fu davvero il bisogno di sforzarci per farvi onore perché, forse per la gran fame, ci abbuffammo senza nemmeno spere quello che stavamo mettendo in bocca... io personalmente speravo solo che non si trattasse di serpenti o di cani!

Restammo in loro compagnia per un paio d'ore, dopodiché il papà fece presente a Wang che si era fatto tardi e che dovevamo assolutamente tornare, così ci congedammo dalla sua famiglia, sempre con tanto d'inchini e sorrisi a non finire.

Dopo quel giorno, l'amico Wang ogni tanto veniva a farci visita a casa con un cesto pieno di delizie... mio padre glielo diceva ogni volta di non venire con altri omaggi, ma era come parlare al vento, ogni scusa era buona per presentarsi da noi sempre con qualcosa di diverso.

Una volta arrivò con un cesto ricolmo da vari tipi di frutta, un'altra volta con bottiglie di whisky e sigarette (questo tipo di doni era il preferito da papà), un'altra ancora si presentò addirittura con un tacchino al guinzaglio che lo seguiva come fosse un cagnolino, scatenando in Kiko un furioso abbaiare.

Il bello è che queste gentilezze di Wang nei nostri confronti, continuarono anche dopo il nostro rientro in Italia, infatti immancabilmente in ogni ricorrenza, Pasqua, Natale o anche per i compleanni di papà e mamma, puntualmente arrivavano per posta i suoi saluti e gli auguri.

Noi naturalmente ricambiavamo all'inizio, ma poi con il passare del tempo ci stancammo di rispondergli, al contrario di lui, che, nonostante non ricevesse più notizie da parte nostra, continuò per almeno altri tre anni prima di smettere.

Dopo quella bella giornata al monastero il tempo per noi ragazzi si trascinò monotono e i giorni si susseguirono diventando settimane e poi mesi. Non successe nulla di particolare, qualche partita di calcio, qualche breve escursione là nei dintorni, la scuola... forse perché ancora appagati dall'avventura in quello che diventò per noi il nostro personale D. DAY, ce ne restammo calmi e tranquilli senza più colpi di testa. Arrivò così la fine dell'anno, in cui ci furono delle grandi feste nella Green-House e poi la primavera.

Finalmente, dopo tanti rinvii, fu stabilita la data del tanto agognata finale del torneo di calcio nello stadio di Taipei, la capitale.

Quella domenica si rivelò all'altezza delle aspettative, tutto venne organizzato in ogni dettaglio dalla direzione, a partire dai due autobus per il trasporto degli "atleti" con le loro famiglie e il nolo dello stadio dove venimmo accolti da molti cinesi festanti che si disse fossero accorsi grazie alla pubblicità di quell'evento, spinti dalla curiosità di conoscere il gioco del calcio, in quei luoghi pressoché sconosciuto.

Era una giornata stupenda, con un sole che ancora non scaldava troppo.

Tutti noi avevamo una voglia sfrenata di far vedere le proprie qualità e di scaricare tutte le energie nel rettangolo di gioco.

Fu il Signor Corsini a prendersi l'onore e l'onere di fare da allenatore della mia squadra. Si presentò negli spogliatoi con un borsone a tracolla, lo posò sul pavimento e ne tirò fuori delle divise da gioco nuova di zecca. Quale fu la nostra gioia!!

Ci aveva detto di portare con noi un pantaloncino e una maglietta bianca per scendere in campo e invece... ecco la sorpresa!

"Questa è per te!" mi disse, consegnandomi la divisa con il numero 9 ben stampato.

"Grazie mille signor ... Mister!" risposi.

Nonostante si vedesse che non era un ruolo che gli si addiceva, il Signor Corsini cercò di assumere l'aria seria di un vero allenatore, e iniziò a impartirci degli ordini nei vari ruoli e degli spunti per il gioco.

"OK!" Disse alla fine "... uscite ma ... mi raccomando, non fatevi del male che domani dovrete tornare al lavoro!"

Era la prima volta che entravo in un vero e proprio stadio, fino ad allora avevo giocato soltanto nei campetti di provincia.

Appena posai i piedi sul tappeto verde del campo, osservato da una moltitudine di persone festanti che battevano le mani, ebbi come la sensazione di essere un condannato cristiano trascinato in un'arena per essere poi divorato dai leoni. Ma poi l'emozione piano piano svanì e allora cominciai a godermi il momento.

Mi portai verso il centro del campo e la partita ebbe inizio.

In quell'occasione giocai davvero alla grande, segnai anche uno stupendo goal di tacco che scatenò il pubblico e ci portò a concludere il primo tempo con un vantaggio di una rete sull'altra squadra.

"Molto bene Mauro..." mi disse il Signor Corsini negli spogliatoi "... ora però devi essere sostituito anche tu per far giocare tutti! ".

"Si...certo!" risposi alquanto deluso, sebbene mi rendessi perfettamente conto che anche gli altri giocatori dovevano entrare in campo e vivere quella straordinaria esperienza.

Fu proprio mio padre a darmi il cambio, lui... che fino a quel momento il calcio lo aveva solo visto in televisione o dagli spalti in veste di super tifoso accanito dell'HELLAS-VERONA. Chissà se in quella occasione si sarebbe reso conto che è molto diverso andare allo stadio per vedere una partita o andarci invece per giocarla... magari dopo questa esperienza avrebbe iniziato ad essere un po' più indulgente nei confronti dei giocatori che sbagliano qualche tiro...

Il secondo tempo iniziò e per la mia squadra fu una vera disfatta. In men che non si dica gli avversari, che avevano fatto solo un paio di cambi, a differenza di noi che ne avevamo fatti ben sette, ribaltarono la situazione e passarono in vantaggio per 2 a 1.

Poveri noi, la nuova formazione non era certo all'altezza della situazione e neanche con l'inserimento poi di forze giovani, tra cui Denny e Alex che praticamente non toccarono mai il pallone, riuscimmo a recuperare.

Era finita. Avevamo perso l'incontro tanto atteso e mogi mogi ci incamminammo verso gli spogliatoi per cambiarci e ritornare al villaggio.

La delusione però lasciò ben presto il posto di nuovo al buon umore infatti in autobus si creò un grande clima di festa a cui tutti parteciparono raccontando barzellette e storielle divertenti e poi cantando in coro alcune canzoncine caratteristiche italiane fino a quando poi la stanchezza prese il sopravvento facendo calare il silenzio.

All'arrivo al villaggio, quando tutti silenziosi e assonnati stavamo scendendo dall'autobus per tornare a casa, il Signor Corsini ad alta voce chiese un momento di attenzione.

"Non crederete di tornarvene così presto alle vostre case!? Per favore... seguitemi tutti alla mensa!!"

Non diede a nessuno il tempo e il modo per chiedergli il motivo perché subito s'incamminò, certo che tutti lo avrebbero seguito. E fu così. Arrivammo in mensa e rimanemmo tutti di stucco nel vedere che per l'occasione era stata tutta addobbata a festa con nastri e palloncini colorati.

In centro c'era una lunga tavolata piena di bibite, panini e pasticcini che non aspettava che essere presa d'assalto.

"Prego, accomodatevi!" disse il Corsini "...è tutto gentilmente offerto dalla ditta, mi raccomando, non deve rimanere niente da buttare!"

Non ce lo facemmo ripetere due volte! Corsi al tavolo ad abbuffarmi, assieme a tutti gli altri, andando così a completare una giornata a dir poco memorabile.

E intanto il tempo trascorreva implacabile, luglio era alle porte... QUEL LUGLIO...

Una serie di domande e preoccupazioni su cosa sarebbe successo iniziavano a crearmi davvero molta ansia.

Non passava giorno senza che supplicassi mia mamma di parlare col papà circa la possibilità di tornare in Italia al più presto ma niente da fare... saremmo tornati il giugno dell'anno successivo, come stabilito dal contratto ed io sarei rimasto lì con loro fino a quel momento.

Era la metà di maggio quando, ormai rassegnato alla mia impotenza, smisi di insistere aspettando che gli eventi facessero il loro corso con la speranza che non succedesse nulla... Ma... il 12 di giugno qualcosa accadde per davvero!!

Era l'ora di pranzo e noi eravamo come sempre seduti a tavola chiacchierando del più e del meno, quando senza alcun preavviso si presentò alla porta il papà.

"Ma..." disse la mamma alzandosi in piedi e pensando subito a cosa mettergli sul piatto "... potevi dirmelo che rientravi per pranzo!".

Ebbi subito la sensazione che ci fosse qualcosa che non andava.

"Siediti" disse solamente lui, tenendo nervosamente tra le dita qualcosa.

"Cosa c'è?" chiese lei a quel punto preoccupata "...perché non parli, cosa è successo?!".

"Ascolta" disse poi, prendendo coraggio "... e ascoltate anche voi figlioli!" continuò, aprendo lentamente un telegramma.

"Un paio d'ore fa è arrivato in ufficio questo dall'Italia e il Corsini si è subito affrettato a consegnarmelo..."

Dopo un momento di silenzio veramente tombale, riprese fiato e con un gran sospiro continuò "...è di mia sorella Gina da casa nostra e ci avvisa che nostro figlio, in Italia è stato ricoverato d'urgenza per un trauma cranico procurato da una caduta con la moto...".

"Co... co... cosa!?" borbottò la mamma mentre noialtri non avevamo il coraggio di aprire bocca. "...ma è grave? Come sta? E com'è successo?".

"IVANA!" replicò il papà anch'esso visibilmente preoccupato "... è un telegramma, non spiega tutto per filo e per segno. Dice solo che è stato ricoverato per un colpo alla testa!".

"Che facciamo?" disse lei sconvolta "... io devo saperne di più!... e se per caso è grave? E se..."

"Ci ho già pensato..." rispose mio papà bloccando la sua escalation di pensieri negativi "... e dopo averne discusso col Corsini siamo giunti alla conclusione che, a questo punto c'è solo una cosa da fare...".

"E cioè??" chiedemmo insieme mentre lui riprendeva fiato.

"...quella che voi rientriate subito in Italia per prendervi cura di lui. Io non posso muovermi da qui prima della naturale scadenza del mio contratto di lavoro se non voglio incorrere in gravose penali, rimarrò da solo sperando che le cose si risolvano per il meglio..."

"Ma questo è possibile? Voglio dire... noi possiamo tornare senza ripercussioni!?" chiese la mamma.

"Sì, in caso di gravi problemi familiari è prevista una clausola in tutti i nostri contratti e il Corsini ha fatto subito richiesta in sede centrale per un vostro immediato rientro!".

"... e per quando sarà?" chiedemmo ancora.

"Ancora non lo so. Ora ritorno subito in ufficio e vedremo. Sono certo che i responsabili dell'azienda non si faranno attendere, conto di aver notizie entro sera. Ora vado." disse alzandosi dalla sedia e nello stesso tempo facendomi cenno di seguirlo.

"Mi raccomando..." mi sussurrò poi, appena fuori casa "... non allontanatevi. State vicini alla mamma. Lei, anche se non sembra, è molto fragile e in questo momento ha un estremo bisogno del nostro conforto. Rassicuratela e occupatevi di lei, io purtroppo devo correre in ufficio. A più tardi!".

"Sì, si" risposi a mezza voce mentre lui in un attimo si era già allontanato.

Quel pomeriggio fu davvero interminabile, come se il tempo si fosse fermato. Noi ragazzi, come mi chiese il papà, ci prodigammo per far reagire la mamma, per farle dire un qualcosa, anche una sciocchezza... ma lei se ne rimase in silenzio per tutto il tempo.

Si rinchiuse nei suoi pensieri estraniandosi dal resto del mondo. Continuava andare da una camera all'altra compiendo gesti senza alcun senso, sotto lo sguardo sempre più preoccupato di noi figli che non sapevamo più cosa fare.

Finalmente a tarda sera ritornò il papà .

"ALLORA?" gli chiese subito la mamma quasi assalendolo.

"È tutto apposto adesso calmati, è già arrivato un telex dalla sede in risposta alla nostra richiesta e hanno approvato il vostro rientro anticipato. Ora rimane solo da definire la data precisa ma non preoccuparti..." continuò con tono calmo e rassicurante "...sono certo che faranno più presto che possono!"

Fece appena in tempo a finire la frase che bussarono alla porta. Era il Signor Corsini e tutti noi ci precipitammo all'entrata per riceverlo, sperando bene che fosse foriero di buone notizie .

"Severino..." disse subito lui richiamando a se il papà e consegnandogli un telex "...è appena arrivato e ho pensato di consegnartelo personalmente!"

"Grazie!" disse il papà leggendolo.

"Beh..." disse ad alta voce il Corsini rivolgendosi alla mamma "...io vado. Signora stia tranquilla. Sono certo che suo figlio si riprenderà alla grande non appena vi avrà accanto. Intanto colgo l'occasione di farvi i migliori auguri anche da parte di mia moglie, poiché non credo che ci rivedremo prima della vostra partenza. ARRIVEDERCI E ANCORA MILLE AUGURI!" disse alla fine stringendole la mano.

"Cominciate a preparare le valigie..." disse il papà appena ebbe accompagnato alla porta il suo capo e ormai amico Corsini.

"Quando partiremo?" chiese la mamma.

"Hanno già prenotato i posti per il volo che parte dopodomani: il 14 notte. Nel pomeriggio io vi accompagnerò all'aeroporto e per giovedì mattina sarete già a Milano. Una volta arrivati però dovrete richiedere un taxi per farvi portare fino a casa, perché non abbiamo il tempo materiale per avvisare qualcuno che venga a prendervi!"

"Sì, va bene!" disse la mamma "...ma come facciamo con tutte le cose che ci sono da spedire a casa? Tutti i nostri oggetti e i ricordi raccolti in questi tre anni... per non parlare dei mobili..."

"Ci penso io, stai tranquilla!" rispose "...voi viaggerete leggeri con al vostro seguito solo le valigie. Per tutto il resto, da giovedì in poi, avrò un sacco di tempo a disposizione per preparare dei bauli in cui spedire il resto".

"TU ... DA SOLO?" chiese la mamma critica.

"Non sarò solo, mi farò aiutare dai miei operai cinesi. Per non parlare dell'aiuto della famiglia Grandis, che si è già offerta..."

"Il papà di Alex?" chiesi incredulo "Sì, e non solo il papà ma anche tutto il resto della famiglia verrà ad aiutarmi se vogliono che gli liberi in fretta la casa... Finalmente hanno l'occasione di venire ad abitare qui al villaggio e non aspetteranno nemmeno un giorno per fare il trasloco!"

"Verranno ad abitare qui?! E tu dove andrai?" gli chiesi.

"Eh... io rimarrei qui volentieri, ma purtroppo nel momento in cui non ci sarà più la mia famiglia a occupare questa casa, perderò il diritto di abitarci. Ma... alla fine però... forse è meglio così. Mi hanno già riservato una gran bella camera al dormitorio degli operai e così non dovrò perdere tempo nel tenere in ordine una casa così grande!".

"Mi raccomando!" disse la mamma al papà "Domani mattina ci alzeremo presto per iniziare da subito a imballare quanto più ci sarà possibile, ma tu poi mi garantisci che starai molto attento e ci metterai tutta la cautela possibile quando sarà il momento di spedire il resto?!".

"Ti ripeto di stare tranquilla!" le rispose spazientito. "Ragazzi, andate a dormire adesso, che domani sarà una giornata faticosa anche per voi!" concluse il papà non ammettendo repliche.

Noi gli ubbidimmo all'istante, andammo a letto ma proprio come quel pomeriggio, per me anche la notte fu interminabile!

La preoccupazione per nostro fratello e il trambusto provocato da mamma e papà che continuavano ad andare freneticamente da una stanza all'altra, uniti poi al fatto di dover partire così in fretta, lasciando il povero papà da solo con il pensiero di avere un figlio ricoverato all'ospedale senza conoscere le sue condizioni... per non parlare poi dell'impossibilità di salutare a dovere quei luoghi e i miei compagni di tante avventure!!

C'era una cosa però che mi sollevava il morale: il fatto che il 10 luglio io non mi sarei più trovato lì al villaggio!

Il giorno dopo lo passammo tutti indaffarati per fare i bagagli e prepararci per il viaggio di ritorno. In casa regnava il caos più assoluto, in ogni angolo c'erano mucchi di cose accatastate e già pronte per l'imballaggio.

La notte stavolta, stanco com'ero, passò rapidamente e il 14 luglio non tardò ad arrivare... anche quel mattino fu molto impegnativo, c'erano ancora così tante cose da imballare...

"Va bene" disse a un certo punto il papà "...è arrivata l'ora di andare, ciò che è fatto, è fatto, al resto penserò io poi con calma!".

"Andiamo!" dissi io alla mamma strattonandola, mentre lei si attardava per osservare quelle mura un'ultima volta. Poco dopo, eravamo già sul taxi che ci attendeva, pronti per la partenza.

Sul posto ci raggiunsero anche tutti gli amici per un ultimo saluto. C'era Denny, Alex, altri ragazzi e in mezzo a loro c'era anche... Kiko! Poverino, era successo tutto così all'improvviso che nessuno aveva pensato a lui. Lo salutai facendogli un mucchio di coccole, consapevole che non lo avrei mai più rivisto e poi tristemente salii in taxi che partì subito. Lui, abbaiando a più non posso si mise a inseguirci rischiando perfino di finire sotto le ruote fino a quando, finalmente, con mio grande sollievo, vidi Denny accorrere e trattenerlo in un abbraccio, mentre con una mano sollevata, ci dava un caloroso ultimo saluto.

"Papà, che gli succederà ora? Chi si prenderà cura di lui?" chiesi.

"Non preoccuparti! Ci rimango sempre io qui, no? E poi ci sono anche i tuoi amici, sono sicuro che dopo qualche giorno di smarrimento non ci farà più caso alla vostra assenza..."

Ma non fu così... Kiko, lo venimmo a sapere nei mesi successivi, non si dette pace per un bel po' di tempo, per poi, un giorno, sparire chissà dove. Nessuno l'ha più rivisto il mio caro amico peloso, chissà che fine avrà fatto!

Il taxi proseguì la sua corsa fino all'aeroporto. A bordo regnava un gran silenzio, solo la mamma ogni tanto saltava fuori perché le veniva in mente di avere scordato di imballare questo o quell'altro oggetto e per raccomandare al papà di stare ben attento nel momento in cui li avrebbe stivati nel baule da spedire in Italia.

Una volta arrivati, ci fu appena il tempo di salutare il papà, poiché il nostro volo era appena stato chiamato e dovevamo recarci al più presto all'imbarco.

Credo, anzi ne sono certo, che quella fu la prima e unica volta che vidi il papà mentre ci salutava che riusciva a stento a trattenere le lacrime con gli occhi arrossati. La mamma invece, stranamente, in quel momento sembrò essere fatta di pietra e dopo aver dato un bacio al papà, silenziosa senza neppure batter ciglio si voltò invitandoci a seguirla.

L'aereo era un D-C 10 dell'Alitalia con volo diretto a Milano e in quell'occasione di passeggeri ce n'erano gran pochi, lasciandoci l'imbarazzo nella scelta dei posti da occupare.

Io mi accomodai più o meno a metà dell'aereo, sulla fila laterale con mio fratello accanto al finestrino, mentre mia sorella e mia mamma subito di fianco a noi sulla fila centrale.

È strano, però, a pensarci, mi rendo conto che mentre del volo d'andata mi ricordo ogni piccolo particolare ed ogni singola emozione, del volo di ritorno invece faccio molta fatica a riportare alla memoria dei ricordi. Quello che ricordo chiaramente è che mia mamma, dopo circa un paio d'ore di volo, mi svegliò strattonandomi il braccio e parlando sottovoce per non svegliare mio fratello e mia sorella anch'essi appisolati per condividere con me dei pensieri che la stavano tormentando...

"Sai... quella data per la quale continuavi a insistere?!..." iniziò.

"Sì, il 10 luglio..." risposi ridestandomi completamente in un baleno.

"...ultimamente non ne hai più parlato. Come mai? ... sai... quello che ti è successo al fiume, quel giorno... parlo della tua... visione...".

"... si?!".

"... insomma, volevo chiederti se non hai più avuto di quei "presentimenti" ... ad esempio... sai dirmi cosa può essere successo a tuo fratello e se ne verrà fuori?...".

"No... mamma..." le risposi "... mi è successo solo in quell'occasione, non ho il dono della veggenza...".

"... sì, hai ragione, scusami sono una sciocca... dopo tutto il mio insistere per convincerti che non c'era nulla di razionale e logico, ora sono qui che faccio di questi ragionamenti strampalati..." terminò scuotendo la testa .

"... comunque..." le dissi a quel punto a mezza voce "...per come la penso io non abbiamo più nulla da temere, da adesso in poi tutto proseguirà nel migliore dei modi, anche per mio fratello, vedrai!!!"

Le dissi questo, un po' perché era veramente una mia sensazione e un po' per cercare di lenire quel suo stato d'angoscia, cosa che evidentemente mi riuscì perché poco dopo la vidi adagiare la nuca al poggiatesta, socchiudere gli occhi e appisolarsi.

Un altro fatto che ricordo di quel volo è stato quando, in piena notte, una hostess molto gentile che ci aveva sentito dialogare in dialetto veronese mentre ci portava degli sneks, ci prese in simpatia, essendo pure lei di quelle parti e ci chiese se ci andava di andare a vedere la cabina di pilotaggio.

"MAGARI!!" rispose mio fratello sgranando due occhi grandi come fari.

"Aspettate qui un attimo." disse lei dirigendosi verso la cabina.

Poco dopo tornò e con un bel sorriso ci chiese di seguirla.

Non avevo la minima idea di cosa aspettarmi, ma devo ammettere che rimasi davvero meravigliato quando entrai nella cabina di pilotaggio.

Sembrava di essere in un'astronave con quella miriade di pulsanti, comandi e luci bianche, gialle e rosse sparse in ogni dove.

Dopo aver fatto quattro chiacchiere con il capitano e il suo copilota, anch'essi molto cortesi, sui rispettivi luoghi di provenienza, ci congedammo ringraziandoli a non finire per averci permesso di fare quell'inaspettata visita e tornammo ai nostri posti per fare un riposo.

Mi svegliai con la voce dell'altoparlante che ci avvisava di allacciare le cinture di sicurezza per l'atterraggio.

Era già mattina quando l'aereo giunse a destinazione. Alle ore 8.30 salimmo sul taxi e alle 11.00 arrivammo a ca. CHE EMOZIONE!!! Ero convinto che quel luogo sperduto nell'isola di Formosa fosse un paradiso (e per molti versi lo era davvero), ma in quel momento, rivedendo il mio paese e poi finalmente la mia casa, mi resi conto che non esiste altro paradiso se non il luogo in cui si è nati e cresciuti.

Il taxi si fermò proprio davanti al numero civico 26 in Via del Sole.

Mamma pagò la corsa, io e mia sorella iniziammo a scaricare le valigie mentre invece mio fratello si attaccò al campanello di casa e non la smetteva di suonare... ma niente, non veniva ad aprirci nessuno!

Il taxi era già ripartito, e la casa era vuota.

"IVANA, SEI TORNATA?... ma non dovevate rimanere fino all'anno prossimo?" udimmo dall'altra parte della strada.

Era la nostra vicina di casa che per carità una brava donna, ma sempre pronta a spettegolare e sempre ben a conoscenza dei fatti di tutti. In un attimo attraversò la strada per venire ad abbracciare la mamma e salutare noi ragazzi, con un sorriso che a me parve più quello di una iena che si appresta a saltare addosso ad una preda, che a quello di una vicina di casa felice di rivedere degli amici.

"Carissimi, come va?" chiese subito dopo " Come mai avete anticipato il rientro?".

"Ma..." sillabò la mamma per bloccare subito quel discorso "... a casa nostra non c'è nessuno?" temendo di sentirsi rispondere il peggio riguardo al figlio...

"La Gina a quest'ora di solito va a fare la spesa, mentre tuo figlio l'ho visto che partiva a razzo con la moto un paio d'ore fa. Si vede che non gli è bastata la botta che ha preso quattro giorni fa...".

"COSA???" chiese incredula la mamma mentre noi ragazzi aspettavamo ansiosi il proseguo "...ma... non era ricoverato?! Sta bene dunque?!".

"Ma certo!" rispose lei, tutta soddisfatta, avendo subito intuito che stava per rivelare una notizia bomba.

"... è stato dimesso il giorno dopo la caduta. Sta benissimo, come ti ho già detto, è già in giro con la sua Vespa! ...aannh, ora ho capito..." continuò "...è per lui che siete tornati! E Severino? Non lo vedo, è rimasto là in Cina?".

"Si" rispose seccamente la mamma, stanca di quel terzo grado.

In quel momento arrivò di corsa la zia Gina che, vedendoci in lontananza davanti a casa, aveva accelerato le pedalate sulla bici per raggiungerci il prima possibile.

"Beh vi saluto..." disse la vicina di casa a quel punto "... immagino che ne avrete di cose da raccontarvi, intanto ben tornati. Ci rivediamo con più calma!".

"Ivana, ragazzi!" ci urlò la zia quasi scioccata nel vederci "Siete tornati!? Credevo che non vi avrei rivisto prima dell'anno prossimo!".

"Ma... Gina!!" disse la mamma "...dopo quel telegramma!?".

"Beh intanto entriamo, è meglio non dare spettacolo a quella pettegola che è là imbambolata alla finestra..." ribatté la zia inviandoci a seguirla in casa.

Poco dopo eravamo seduti in casa e lei non senza un po' d'imbarazzo rispose a tutte le domandale della mamma.

"...hai ragione Ivana, ho sbagliato a spedire quel telegramma, dovevo prima attendere almeno un po' per avere più notizie sulla salute di tuo figlio, però, non so cosa mi sia preso... nel momento in cui mi hanno avvisata che aveva avuto quell'incidente e che era stato ricoverato d'urgenza, beh, non ho più ragionato e ho sentito l'urgenza di avvertirvi. Solo più tardi, a mente fredda, venuta a conoscenza che tuo figlio non correva alcun pericolo ho capito la mia leggerezza. A quel punto però non ho potuto fare più niente poiché avevo già spedito il telegramma e non mi è rimasto che spedirne poi un altro per tranquillizzarvi...".

"Un secondo telegramma?? Ma quando l'hai spedito? Noi non ne sappiamo niente!" chiedemmo in coro.

"Beh, tuo figlio è stato dimesso il 13 pomeriggio e io l'ho spedito il mattino seguente, all'apertura delle poste".

"Ahh... capisco..." sospirò la mamma come se solo in quel momento ricominciasse a vivere. "Severino in questo momento quindi sarà già al corrente che tutto è andato per il meglio! Non ti angosciare Gina, hai fatto quello che ritenevi giusto, comunque sia... per lui non cambia niente, rimarrà da solo per qualche tempo ma in fondo c'è abituato avendoci trascorso una mezza vita così... ma... mio figlio dov'è andato?!"

"Mi dispiace..." rispose lei "... proprio non mi riesce a trattenerlo in casa. Comunque tra poco lo potrai riabbracciare poiché a tavola non ha certo perso il suo appetito e per mezzogiorno arriverà puntuale come una cambiale in scadenza!" la rassicurò ed aveva pienamente ragione perché quando le campane della chiesa iniziarono a scoccare i dodici rintocchi, sentimmo l'inconfondibile frastuono della sua Vespa truccata.

Ci precipitammo tutti fuori, come per accertarci che la
 Gina avesse detto il vero e che lui stava bene.

"Figlio mio! Ma stai bene? Non hai proprio più niente? Com'è successo? Sei andato a sbattere contro un'auto? E hai fatto danni?".

La mamma lo assalì con mille domande, rischiando di soffocarlo a forza di baci e abbracci.

"Basta pietà! Calma!" replicò lui "... Sto benissimo! Non mi è successo niente di grave... sono solo uscito di strada per conto mio, in fondo alla via Teiòlo, facendo un capitombolo e sbattendo la testa".

"Come hai fatto a uscire di strada da solo?!" gli chiese.

"...di preciso non lo so nemmeno io..." rispose "È successo tutto all'improvviso, sono ancora un po' confuso a riguardo. Ricordo di aver visto quell'ubriacone del Kope... un attimo dopo ero nel fosso e lui era già sparito. Forse sono caduto per cercare di non investirlo e lui è scappato consapevole di essere stato il responsabile... chi può dirlo?!".

"KOPE!!!... LUI!!!" pensai tra me con la pelle d'oca dall'eccitazione. Non è avvenuto per caso il nostro ritorno anticipato, era stato il Kope ad aiutarmi come mi aveva promesso!

Non fui il solo ad avere un sussulto appena venne pronunciato il nome del Kope perché anche la mamma mi guardò sgranando gli occhi.

"...mi piacerebbe proprio fare quattro chiacchiere con questo tipo!" disse alla zia "... sapete dove gironzola in questi giorni?".

"No..." rispose mio fratello "...l'ho cercato qui in giro, per dirgli di stare più attento, ma non l'ho trovato!"

"Neanch'io l'ho rintracciato!" aggiunse la zia " Ho fatto delle ricerche, ma nessuno sa niente, se chiedi in giro, vedrai che tutti ti rispondono che di lui non si vede nemmeno l'ombra da parecchi mesi ormai... credo proprio che il nostro ragazzo qui si sia inventato una scusa bella e buona per nascondere il fatto di essere caduto da solo!"

"Non è vero!" ribatté lui piuttosto seccato "Io vi ho detto la verità. Che cosa credete, che non abbia il coraggio di ammettere un mio errore? Mi ricordo poco di quel momento, ma il suo volto si! Era proprio il Kope, ne sono certissimo!".

"Va bene, va bene!" lo calmò la mamma "Kope o non Kope non ha importanza. Quello che conta è che stai bene e che ora siamo qui tutti riuniti! Domattina con calma andrò a spedire un nuovo telegramma a vostro padre per dirgli che siamo a casa e che stiamo tutti bene".

Quello strano incidente rimase solo un ricordo, non tornammo più sul discorso, la zia Gina andò a vivere a casa sua, dandoci la lieta notizia che presto si sarebbe sposata e tutto tornò a essere com'era sempre stato: a casa mia, nel mio paesello di provincia, con la mamma e i miei fratelli e il papà purtroppo in giro per il mondo per lavoro... sembrava quasi che non fosse mai cambiato nulla e che il mio periodo con il nonno e la mia successiva avventura in Cina fosse stato tutto un sogno...

C'era un pensiero però che ancora mi dava il tormento... una domanda a cui non sapevo dare risposta: COSA MI SAREBBE SUCCESSO IL 10 LUGLIO DI TANTO GRAVE SE FOSSI RIMASTO AL VILLAGGIO?

10 luglio... quella data tanto temuta finalmente arrivò e nonostante le mie angosce, tutto proseguì nel più normale dei modi. Tutto sembrava tranquillo... SEMBRAVA... perché una quindicina di giorni dopo, arrivò una lettera dal papà.

Non era una normale lettera com'eravamo abituati a ricevere, questa era molto più voluminosa delle altre. Ero presente anch'io quando la mamma la aprì. Dentro c'era una sua lunga lettera e c'era anche qualcos'altro che, aprendo la busta, andò a cadere sul tavolo.

Si trattava di una mezza pagina di un noto quotidiano milanese datato 12 luglio e in gran risalto, un titolo: "TRAGEDIA NELL'ISOLA DI FORMOSA. FAMIGLIA DI ITALIANI RESIDENTI PER LAVORO, COLPITA DA GRAVE LUTTO"

Solo in seguito notai la foto che ritraeva quello che restava della nostra casa semidistrutta e sepolta da terra e rami.

Presi tra le mani quella pagina, sciocato e iniziai a leggere l'articolo per cercare di capirci qualcosa...

"...La notte tra il 9 e il 10 luglio, la località che risponde al nome di Tachien in cui è situato il villaggio di italiani che lavorano alla costruzione di una diga, è stata duramente colpita da un tifone. Le sue copiose piogge hanno provocato una frana che ha travolto l'abitazione in cui risiedeva la famiglia Grandis...".

Non ebbi il coraggio di proseguire... guardi con gli occhi colmi di lacrime la mamma che mi passò la lettera, chiedendomi in cambio di farle vedere la pagina di giornale. " ... mia cara Ivana" scriveva il papà "... come vedi dall'articolo che ti ho spedito, qui al villaggio è successa una tragedia. La casa in cui abbiamo vissuto per tre anni, occupata in modo così frettoloso dai Grandis è stata sepolta da una frana. La parte situata al lato del monte è andata completamente distrutta, purtroppo per i ragazzi, Alex ed Erica, non c'è stato nulla da fare, mentre i genitori, che dormivano nella nostra camera, dall'altra parte, si sono salvati... se non fosse stato per quel telegramma, ora saremmo noi a piangere la morte dei nostri figli!... CHE DESTINO... hanno atteso per anni di trasferirsi al villaggio e subito dopo guarda cosa gli è successo... siamo tutti sconvolti..."

Me ne stetti immobile, con la lettera di papà tra le mani, non avevo la forza di reagire e la mamma, con le lacrime agli occhi posò pesantemente il foglio di giornale sul tavolo e venne a stringermi in un forte abbraccio, senza dire nulla. Non serviva dire nulla...

Ora sapevo! Avevo una risposta a quella mia domanda... ora sapevo quello che il Kope aveva visto nel mio futuro e potevo comprendere il motivo per cui non aveva potuto rivelarmelo.

Se mi avesse detto che ci sarebbe stata una frana avrei fatto in modo che quella zona fosse evacuata, alterando il corso del destino in cui era già scritto che sarebbero dovute esserci tre vittime: due nella mia camera (Alex e sua sorella) e una terza, il figlio della famiglia Giapponese che viveva accanto a noi.

"... il destino deve avere il suo corso..." mi disse quel giorno.

Il DESTINO... aveva già stabilito che ci sarebbero state delle vittime, evidentemente non importava che tra queste ci fossero Alex ed Erika anziché io e mio fratello, quello che contava era il risultato finale, con il tributo di dolore da parte di due famiglie. Poveri ragazzi!

Povera Erika, cosi piccola e dolce... mi rincresce molto non aver avuto il modo di mantenere la mia promessa d'insegnarle a giocare a calcio.

E povero Alex... il mio amico Alex... sempre così gentile con tutti, felice e spensierato. Così brillante... leggeva tantissimo su qualsiasi argomento e incredibilmente riusciva ad assimilare tutto. Gli si poteva chiedere tranquillamente qualsiasi cosa che lui la sapeva e ad ogni domanda dava sempre una risposta esauriente.

In quel 10 luglio se n'è volato in quei cieli che tanto voleva raggiungere... anche se non proprio in veste di astronauta come desiderava.

Molti anni sono ormai passati da quel lontano 1972 e a questo punto, facendo una profonda riflessione, posso affermare con assoluta convinzione che quell'incontro con il Kope è stato per me di vitale importanza e non solo perché con quella rivelazione ha contribuito a fare in modo che la linea della mia vita non si interrompesse in quel 10 luglio, ma perché dopo di allora la mia vita è diventata... oserei dire quasi perfetta.

Anche se quel pomeriggio, nell'argine, è stata l'ultima volta in cui l'ho visto, sono certo che in qualche modo mi sia sempre stato accanto, come si dice facciano gli angeli custodi, per guidarmi in ogni mia scelta, a cominciare dalle amicizie e non solo quelle fatte in Cina, ma anche e soprattutto quelle del paese, che durano tutta una vita e con le quali si mantengono i contatti.

Una fra tutte ad esempio, l'amicizia che mi lega saldamente, ormai da quasi trent'anni a quello che è stato dapprima il mio caposquadra, quando ho iniziato a lavorare al montaggio di capannoni prefabbricati in cemento e in un secondo momento anche socio in affari.

Da subito con lui c'è stata un'intesa particolare. Ne aveva cambiati molti di colleghi prima di me, ma nessuno era riuscito a reggere il suo carattere, diciamo... particolare... a me invece andava bene lo stesso, un po' perché lo ammiravo per la sua tenacia e la sua forza nel lavoro, ma molto di più perché quel lavoro mi piaceva davvero tanto e speravo di apprendere da lui tutti i segreti del mestiere, seguendo così in qualche modo le orme di mio padre nel campo dell'edilizia.

Così, quando qualche anno dopo si è presentata l'occasione di metterci in proprio, non ci ho pensato su nemmeno un attimo e contro il parere di molti, assumendo altri tre operai, abbiamo formato una squadra di montaggio.

Sicuramente ci siamo presi i nostri bei rischi, dovendo indebitarci non poco per comprare una grossa autogru e tutto il materiale che serviva, abbiamo dovuto lavorare sodo per risollevarci ma i sacrifici poi sono stati tutti ripagati perché nel giro di pochi anni la nostra squadra è diventata la più richiesta da tutti i prefabbricatori del triveneto.

Grazie a quest'attività ho anche potuto comprarmi una bella casetta, sempre nel mio adorato paese di provincia, in cui vivere felice con la mia compagna di vita Luigina. Anche con lei non potevo fare scelta migliore.

Solo una donna con il carattere fin troppo accondiscendente come il suo può riuscire a starmi accanto. Solo lei e ne sono certo, nessun'altra al mondo è capace di sopportare il mio carattere diciamo... lunatico, per semplificare.

Abbiamo anche avuto due figli che definire bravi di questi tempi è davvero limitativo.

La primogenita, Laura, di 32 anni, si è laureata in psicologia e poi si è sposata, deliziandoci nel diventare nonni per ben due volte: con la mia adorata nipotina Deva e con il nuovo arrivato Elia.

Il secondo figlio invece si chiama Andrea, ha 23 anni, vive ancora in casa con noi. Ha un diploma come tecnico meccanico e si è trovato una buona occupazione in un paese qui vicino. Con lui vado particolarmente d'accordo, essendo molto simili come carattere.

Grazie al mio lavoro ho anche potuto viaggiare molto, vedendo posti da sogno e avendo la fortuna di conoscere persone di tutte le razze .

SI... mi sento veramente un privilegiato! Chi come me può vantarsi di avere vissuto una vita avventurosa e felice come la mia?!

Tutto fino ad ora è andato nel migliore dei modi, proprio come mi aveva predetto quel giorno il Kope sulle rive dell'Adige .

Sono passati più di quarant'anni da quel lontano 1972 e i giorni si sono susseguiti con un incredibile velocità facendo passare gli anni senza che me ne accorgessi.

Il tempo mi aveva via via fatto dimenticare tutto ciò che ho vissuto... fino all'inverno scorso...

Era il 3 gennaio del 2015 e stavo trascorrendo assieme a mia moglie e mio figlio Andrea una bellissima vacanza nei Caraibi.

Abbiamo scelto all'unanimità di trascorrere le festività al caldo, a bordo di una nave da crociera che, partita da Miami ci ha portato poi a visitare dei posti da sogno.

La nave aveva attraccato al molo di Ocho-Rios in Giamaica durante la notte ed era prevista una sosta per tutta la giornata successiva, per poi ripartire alle ore 19.00 con destinazione Nassau (Bahamas).

Quella mattina io e mio figlio abbiamo fatto un'escursione che ci ha dato la possibilità di nuotare con dei delfini (esperienza fantastica!) mentre mia moglie invece, che non sa nuotare per niente, si è rilassata al sole nel bordo piscina della nave.

Nel pomeriggio poi, siamo usciti tutti assieme per visitare delle famose cascate del luogo in cui in passato hanno anche fatto alcune riprese di un noto film di James Bond.

Eravamo tutti entusiasti di quella stupenda uscita che stava volgendo al termine quando poi, prima di rientrare alla nave, poiché avevamo ancora un po' di tempo a disposizione, la guida ci ha proposto di fare un giro in un mercatino locale per poter così comprare qualche souvenir.

Io e la moglie stavamo passeggiando tranquilli, mano nella mano, in cerca di un bel ricordino da portare a casa ai nipoti, mentre invece Andrea, con un passo ben differente dal nostro e per nulla interessato alle bancarelle di giocattoli, voleva fare un giro per conto suo, per raggiungerci poi nel posto di ritrovo indicato dalla guida, all'ora stabilita.

Sicuri di questo, lo abbiamo lasciato allontanare, proprio nel momento in cui ci siamo fermati in una bancarella, interessati ad acquistare una graziosissima tartarughina in legno.

Era sempre Luigina a condurre le trattative per gli acquisti, riuscendo sempre ad ottenere degli ottimi sconti, ed era tutta presa a farsi capire dal venditore, quando la mia attenzione è stata attirata da un tipo malridotto che stava importunando qualcuno sul lato della strada opposto a noi.

Non so perché quella scena m'interessasse così tanto, infondo in quei luoghi se ne vedevano parecchi di mendicanti che cercavano di procurarsi qualche moneta approfittando dei moltissimi turisti... ma c'era un gran via vai di gente e non sono riuscito a vedere bene cosa succedeva...

"Per te va bene?" mi ha chiesto mia moglie, facendomi ritornare lì da lei con la mente.

"Sì, sì... va bene!" Le ho risposto, anche se non avevo assolutamente capito nemmeno una parola di quanto mi aveva appena detto...

"Che c'è?" mi ha chiesto a quel punto, notando che con la testa ero da tutt'altra parte.

"No... niente, niente... ma guarda che carina!" le ho detto per tagliare il discorso, prendendo in mano il giocattolo per il nipotino Elia. Essendo ormai vicina l'ora del ritorno, abbiamo deciso di incamminarci verso il punto di ritrovo, ma a un tratto, ecco che abbiamo viso Andrea venirci incontro facendosi largo tra la gente.

"Papà, mamma!" ha detto, mentre con passi veloci cercava di raggiungerci il prima possibile.

"Cosa c'è?" gli ho chiesto appena ci è arrivato vicino "Vuoi forse fare qualche spesa e ti servono dei soldi?"

"No, macché... Volevo solo dirvi che ho appena incontrato una persona che ci conosce!"

"Uno della nave? E chi è?..." ha chiesto mia moglie .

"No... non è dei nostri, mi ha fermato chiamandomi per nome e strattonandomi per un braccio... io ho fatto resistenza tanto che alcuni passanti si sono fermati per vedere se avevo bisogno di aiuto...

"Stai scherzando!?" gli ha chiesto subito mia moglie preoccupata, mentre invece io non riuscivo a dire neppure una parola e lo guardavo attonito aspettando il proseguo.

"Non sto scherzando..." ha continuato Andrea "... è là, poco oltre quei banchetti e se non mi credete possiamo raggiungerlo e andare a parlargli assieme".

"Ma dai!!..." gli ho detto io a quel punto "... e cosa voleva da te? ".

"Mi ha chiesto se sono Andrea, il figlio di Mauro Albarello... ma era una domanda retorica perché si vedeva che ne era certo. Io a quel punto gliel'ho confermato e poi gli ho chiesto chi invece era lui e come faceva a conoscerci... mi ha risposto che non conosce personalmente me, ma conosce molto bene te e mi ha pregato di salutarti calorosamente... poi si è voltato dall'altra parte e se n'è andato via. Papà..." ha detto infine "... ma com'è possibile che un vagabondo ubriacone ci conosca?!".

Vagabondo ubriacone... mi è quasi preso un colpo quando ha detto quelle parole!

"Presto... presto portami da lui!" Ho detto a mio figlio pregando nel contempo mia moglie di restarsene ferma in attesa, senza darle neppure il tempo di aprire bocca.

"Vieni, dovrebbe essere lì!" mi ha detto dopo una breve corsa "Eccolo è lui, quello che sta svoltando in quella viuzza!"

Ero sicuro, era lo stesso tipo che poco prima aveva attirato la mia attenzione! A quel punto, incuriosito oltremodo ho accelerato ancora di più il mio passo gridandogli di aspettarmi.

Lui si è fermato un attimo, si è voltato verso di noi, e ci ha fatto un gran sorriso, mentre con una mano alzata ci mandava un saluto, poi si è voltato ed ha ripreso a camminare tra la folla svoltando in una traversa. Io ho provato a raggiungerlo imboccando la stradina, ma appena ho svoltato l'angolo mi sono dovuto fermare perché si trattava di un vicolo cieco e davanti a me avevo solo la parete di un albergo. Che fine aveva fatto?! D'incanto è sparito come nebbia al sole!

"Dove diavolo è andato?" mi ha chiesto mio figlio "E soprattutto... chi è questo tipo?".

"Non ne sono sicuro... poi ti spiegherò con calma... ma..." ho aggiunto " ... quando ti ha fermato prima, ti ha solo detto di salutarmi ... nient'altro?".

"Ah beh..." ha risposto facendo mente locale "Sì... è vero... ora che ci penso, quando gli ho chiesto chi era, invece di dirmi un nome mi ha detto una data... vediamo se mi viene in mente..."

"10 Luglio 1972 ?!!" gli ho chiesto io deciso.

"Si esatto!! È la data in cui vi siete conosciuti? A proposito... mi ha detto anche che molto presto lo rivedrai in un altro luogo!"

Era proprio lui, ora non avevo più alcun dubbio... era il Kope...

In quel momento non ho raccontato niente a mio figlio, abbiamo prima raggiunto mia moglie che ci aspettava preoccupata proprio dove l'avevamo lasciata, poi, una volta tornati a bordo della nave, ci siamo messi comodi e gli ho raccontato tutto quello che sapevo del Kope e della sua rivelazione in quel pomeriggio del 1971.

"Qualcosa non mi torna..." mi ha detto mio figlio dopo avermi ascoltato con estrema attenzione."...non può essere stato il Kope... se fosse proprio lui adesso dovrebbe avere almeno un centinaio di anni... e quel tipo ne avrà avuti sì e no una sessantina... È assurdo! ".

"... era lui!" ho detto solennemente.

"... non so proprio cosa dire..." mi ha risposto "... quello che è certo è che ti conosce, visto che appena lo hai chiamato, lui ha risposto prima con un sorriso e poi con un saluto. Ma papà... perché non ne hai mai parlato prima di adesso?... perché non hai mai detto niente a nessuno?".

Non ho saputo risponde alla sua domanda, forse non ne ho mai parlato semplicemente perché il tempo passa inesorabilmente e fa dimenticare tutto o forse per paura di non essere creduto...

"Secondo me..." ha poi continuato mio figlio "... se una persona vive un'esperienza come la tua credo sia giusto condividerla con gli altri. Starà poi ad ognuno decidere se crederci o no e dare una personale interpretazione ai fatti..."

Aveva perfettamente ragione, ecco perché appena tornato da quel viaggio mi sono subito messo a scrivere questo libro.

Ma in fondo chi è veramente il Kope?

Che cosa intendeva quando ha detto che ci saremmo rivisti in un altro posto? ... e quando succederà?

Spero di avere in quell'occasione finalmente l'opportunità di conoscerlo meglio e anche di ringraziarlo come si deve per essersi preso cura di me in questi anni. Per ora non so ancora dare una risposta a queste domande... posso solo fare alcune riflessioni.

Penso che siano esistite nel passato e ancora oggi esistano tra di noi, delle persone, se così si può definirle, speciali diverse degli altri, con lo scopo unico di aiutarci e guidarci lungo il nostro cammino.

Credo che siano ovunque: in fila dietro di noi alla cassa del supermercato oppure seduti sulla panchina mentre aspettiamo l'autobus... ma credo però che occorra avere una mente aperta e un cuore puro per saper cogliere la loro mano tesa.

La vita non è una via diritta e pianeggiante, tutt'altro, è piena d'insidie e non si sa mai quali... strane pieghe... possa assumere.

Per questo io dico di non indugiare nell'accettare l'aiuto di chi vi porge una mano. Chiunque esso sia, potrebbe essere la mano di un angelo che si offre di farvi da guida.

"Posso prenderti per mano?" mi disse quel giorno il Kope... solo adesso comprendo appieno il senso profondo di quella strana richiesta.

Un'ultima considerazione: arroganza fa rima con ignoranza e quest'ultima non va coltivata...

...FINE

RINGRAZIAMENTI

Mi sono permessa di scrivere una pagina conclusiva di mio pugno, perché a questo punto credo che alcuni ringraziamenti siano doverosi oltre che realmente sentiti.

Vorrei ringraziare in primis mio padre, Mauro, l'autore di questo libro nonché il protagonista, per avermi chiesto di aiutarlo a scriverlo.
È stato un onore per me entrare dentro la tua storia e conoscerla come mai prima avevo avuto l'occasione di fare.

Un ringraziamento va anche a chi mi ha permesso di rendere concrete queste pagine. Sono tutte persone del paese, che ho scelto proprio perché era mia intenzione creare qualcosa che appartenesse interamente al territorio che mio padre tanto ama: Albaredo d'Adige.
In particolare ringrazio ICons (Consuelo Cavazza) a cui mi sono rivolta per creare la copertina. Grazie perché con il tuo scatto hai rappresentato l'essenza stessa del libro.
Grazie anche a Cristiano Girardi che è stato estremamente disponibile e rapido nel stampare la prima copia entro Natale per poterla poi regalare a mio padre.

Un ringraziamento lo voglio fare a tutte le persone che hanno creduto in questo progetto, dandoci la motivazione e l'energia per terminarlo... e perché no, ringrazio anche chi al contrario non ci ha creduto, dicendo che stavamo solo sprecando del tempo... li ringrazio perché senza le loro critiche non avrei compreso a fondo che passare del tempo con qualcuno, non è per nulla uno spreco, bensì il miglior modo per impiegarlo. Il proprio tempo, soprattutto in quest'epoca storica in cui tutto è scandito dalle lancette dell'orologio e in cui regna sovrano il senso d'urgenza, è il dono più prezioso che possiamo fare alle persone che amiamo.

Un ultimo ringraziamento che mi sento di dover fare è proprio per lui... il Kope... perché infondo, se non fosse stato per il suo intervento, probabilmente io non sarei mai nemmeno esistita.

Grazie di cuore a tutti

-Laura Albarello-

youcanprint.

Finito di stampare nel mese di Gennaio 2016
per conto di Youcanprint *Self - Publishing*

www.ingramcontent.com/pod-product-compliance
Lightning Source LLC
Chambersburg PA
CBHW080514090426
42734CB00015B/3051